W0034300

Robert Frost

Promises to keep   Poems · Gedichte

Übersetzung und Nachwort von Lars Vollert

Langewiesche-Brandt

Two roads diverged in a wood, and I –
I took the one less traveled by

Zwei Wege trennten sich im Wald, und ich –
ich nahm den Weg, der kaum begangen war

To the Thawing Wind

Come with rain, O loud Southwester!
Bring the singer, bring the nester;
Give the buried flower a dream;
Make the settled snowbank steam;
Find the brown beneath the white;
But whate'er you do tonight,
Bathe my window, make it flow,
Melt it as the ice will go;
Melt the glass and leave the sticks
Like a hermit's crucifix;
Burst into my narrow stall;
Swing the picture on the wall;
Run the rattling pages o'er;
Scatter poems on the floor;
Turn the poet out of door.

Love and a Question

A Stranger came to the door at eve,
    And he spoke the bridegroom fair.
He bore a green-white stick in his hand,
    And, for all burden, care.
He asked with the eyes more than the lips
    For a shelter for the night,
And he turned and looked at the road afar
    Without a window light.

The bridegroom came forth into the porch
    With "Let us look at the sky,
And question what of the night to be,
    Stranger, you and I."

An den Tauwind

Komm mit Regen laut, Südwester!
Bring den Sänger, bring den Nister,
gib vergrabenen Blumen Traum,
lass die feste Wächte dampfen,
finde unterm Weiß das Braun;
doch was du auch tust heut nacht,
wasch mein Fenster, lass es fließen,
schmelz es mit dem Eis, das flieht,
schmelz das Glas und lass das Holz
wie des Eremiten Kreuz,
brich in meine enge Hütte,
schwing das Bild an meiner Wand,
fahre knatternd durchs Papier,
streu Gedichte auf den Boden,
treib den Dichter aus dem Haus.

Liebe und eine Frage

Ein Fremder kam abends an die Tür
    und sprach mit dem Bräutigam.
Er trug einen grün-weißen Stock in der Hand
    und Sorge um seine Last.
Mehr mit den Augen als dem Mund
    bat er um Schutz zur Nacht.
Er wandte sich zur Straße hin:
    Da war kein Fensterlicht.

Der Bräutigam trat zu ihm hinaus.
    «Lass uns zum Himmel schaun
und fragen, was die Nacht uns bringt,
    Fremder, du und ich.»

The woodbine leaves littered the yard,
    The woodbine berries were blue,
Autumn, yes, winter was in the wind;
    "Stranger, I wish I knew."

Within, the bride in the dusk alone
    Bent over the open fire,
Her face rose-red with the glowing coal
    And the thought of the heart's desire.
The bridegroom looked at the weary road,
    Yet saw but her within,
And wished her heart in a case of gold
    And pinned with a silver pin.

The bridegroom thought it little to give
    A dole of bread, a purse,
A heartfelt prayer for the poor of God,
    Or for the rich a curse;
But whether or not a man was asked
    To mar the love of two
By harboring woe in the bridal house,
    The bridegroom wished he knew.

My Butterfly

Thine emulous fond flowers are dead, too,
And the daft sun-assaulter, he
That frighted thee so oft, is fled or dead:
Save only me
(Nor is it sad to thee!) –
Save only me
There is none left to mourn thee in the fields.

Im Hof lag Jungfernrebenlaub,
    die Beeren waren blau,
und Herbst, ja Winter lag im Wind;
    «Fremder, ich frag es mich.»

Im Dämmer drinnen beugte die Braut
    sich einsam übers Feuer,
das Gesicht von der Glut wie Rosen rot
    und vom Begehr des Herzens.
Der Bräutigam schaute auf den schweren Weg,
    doch sah er nur sie im Haus,
und wünschte ihr Herz in Gold gehüllt,
    mit Silber festgesteckt.

Der Bräutigam gäbe leicht und gern
    ein wenig Geld, ein Brot,
ein Gebet für Gottes arme Kinder,
    für die Reichen einen Fluch.
Doch ob man einem erlauben soll,
    eine junge Liebe zu stören,
indem er Leid ins Brauthaus bringt:
    das fragte sich der Bräutigam.

Mein Schmetterling

Auch dein Gefolge zugeneigter Blumen ist nun tot,
und der verrückte Sonnenstürmer, der
dich oft erschreckte, ist geflohen oder tot.
Und außer mir
(was dich nicht traurig stimmt!) –
und außer mir
ist keiner mehr, dich in den Feldern zu betrauern.

The gray grass is scarce dappled with the snow;
Its two banks have not shut upon the river;
But it is long ago –
It seems forever –
Since first I saw thee glance,
With all thy dazzling other ones,
In airy dalliance,
Precipitate in love,
Tossed, tangled, whirled and whirled above,
Like a limp rose-wreath in a fairy dance.

When that was, the soft mist
Of my regret hung not on all the land,
And I was glad for thee,
And glad for me, I wist.

Thou didst not know, who tottered, wandering on high,
That fate had made thee for the pleasure of the wind,
With those great careless wings,
Nor yet did I.

And there were other things:
It seemed God let thee flutter from His gentle clasp,
Then fearful He had let thee win
Too far beyond Him to be gathered in,
Snatched thee, o'ereager, with ungentle grasp.

Ah! I remember me
How once conspiracy was rife
Against my life –
The languor of it and the dreaming fond;
Surging, the grasses dizzied me of thought,
The breeze three odors brought,
And a gem-flower waved in a wand!

Das graue Gras ist kaum mit Schnee gefleckt;
die Ufer sind noch nicht geschlossen überm Fluss;
doch es ist lange her –
es scheint schon ewig –
dass ich zum ersten Mal dich funkeln sah,
mit all den strahlend schönen anderen,
in luftiger Tändelei,
in überstürzter Liebe
geworfen und verheddert, wirbelnd, wirbelnd über mir,
bald wie ein welker Rosenkranz beim Tanz der Feen.

Als das geschah, da hing der weiche Dunst,
der mein Bedauern war, nicht über allem Land,
und ich war froh für dich
und froh für mich, das merkte ich.

Du wusstest nicht, in deinem Taumel wandernd in der Höh,
dass du dem Wind zum Spaß geschaffen bist
mit diesen großen unbesorgten Flügeln.
Ich wusst es auch noch nicht.

Und da war mehr:
Gott ließ dich wohl aus seinem sanften Griff entflattern,
dann, voller Furcht, er hätte dich so weit
entkommen lassen, dass er dich nicht wieder kriegte,
schnappt' er nach dir, zu eifrig, mit unsanftem Griff.

Ah! Ich erinnere mich,
als alles sich verschworen hatte gegen
mein Leben –
und seine Müdheit und sein kühnes Träumen;
die Gräserwogen machten mich vom Denken schwindlig,
die Brise brachte drei Gerüche,
und eine Gemmen-Blüte schwang in einem Zauberstab.

Then when I was distraught
And could not speak,
Sidelong, full on my cheek,
What should that reckless zephyr fling
But the wild touch of thy dye-dusty wing!

I found that wing broken today!
For thou art dead, I said,
And the strange birds say.
I found it with the withered leaves
Under the eaves.

Storm Fear

When the wind works against us in the dark,
And pelts with snow
The lower-chamber window on the east,
And whispers with a sort of stifled bark,
The beast,
"Come out! Come out!" –
It costs no inward struggle not to go,
Ah, no!
I count our strength,
Two and a child,
Those of us not asleep subdued to mark
How the cold creeps as the fire dies at length, –
How drifts are piled,
Dooryard and road ungraded,
Till even the comforting barn grows far away,
And my heart owns a doubt
Whether 'tis in us to arise with day
And save ourselves unaided.

Als ich nun voller Zweifel war
und ohne Worte,
was warf mir von der Seite auf die Wange
der unbedachte Zephir hin, wenn nicht
das wilde Tasten deines farbstaubigen Flügels!

Den Flügel fand ich heut zerbrochen!
Ich sagte: Also bist du tot.
Und fremde Vögel sagen es.
Ich fand ihn bei den trockenen Blättern
unter der Traufe.

Sturmangst

Wenn gegen uns der Wind im Dunkel aufbegehrt,
wenn er mit Schnee bewirft
das Kammerfenster unten, das nach Osten,
und flüstert fast wie mit ersticktem Bellen,
das Untier,
«Kommt raus! Kommt raus!» –
dann braucht es keinen inneren Kampf, zu bleiben,
oh nein!
Ich zähle unsere Stärke:
Zwei und ein Kind,
und wer nicht schläft, muss miterleben,
wie sich die Kälte anschleicht, wenn das Feuer stirbt,
wie Wächten sich erheben,
wie Weg und Straße Falten werfen
bis selbst die Scheune, sonst so tröstlich, fort ist,
und ich zuinnerst zweifle,
ob wir es schaffen, mit dem Morgen aufzustehen
und ohne Hilfe uns zu retten.

Mowing

There was never a sound beside the wood but one,
And that was my long scythe whispering to the ground.
What was it it whispered? I knew not well myself;
Perhaps it was something about the heat of the sun,
Something, perhaps, about the lack of sound –
And that was why it whispered and did not speak.
It was no dream of the gift of idle hours,
Or easy gold at the hand of fay or elf:
Anything more than the truth would have seemed too weak
To the earnest love that laid the swale in rows,
Not without feeble-pointed spikes of flowers
(Pale orchises), and scared a bright green snake.
The fact is the sweetest dream that labor knows.
My long scythe whispered and left the hay to make.

The Tuft of Flowers

I went to turn the grass once after one
Who mowed it in the dew before the sun.

The dew was gone that made his blade so keen
Before I came to view the levelled scene.

I looked for him behind an isle of trees;
I listened for his whetstone on the breeze.

But he had gone his way, the grass all mown,
And I must be, as he had been – alone,

"As all must be," I said within my heart,
"Whether they work together or apart."

Mahd

Am Wald war kein Geräusch außer dem einen:
die Sense beim Geflüster mit dem Grund.
Was sie wohl flüsterte? Ich wusste es nicht.
Vielleicht ging's um die Hitze dieser Sonne,
vielleicht ging es um nicht vorhandene Laute –
weshalb die Sense flüsterte, nicht sprach.
Es war kein Traum geschenkter Mußestunden,
kein müheloses Gold von Fee und Elf:
Mehr als die Wahrheit wär zu schwach gewesen
für solche Liebe, die in Reihen legt
die Au mitsamt dem blassen Knabenkraut
und eine leuchtend grüne Schlange schreckt.
Der Arbeit schönster Traum ist das, was ist.
Die Sense flüsterte und machte Heu.

Der Blumenschopf

Ich ging einmal das Gras nach einem wenden,
der vor der Sonne es im Tau gemäht.

Der Tau war fort, der seine Klinge schärfte,
bevor ich in die ebene Fläche trat.

Ich suchte ihn dort hinter jenen Bäumen;
ich lauschte nach dem Wetzstein auf dem Wind.

Doch er war fort, gemäht war alles Gras,
ich musste sein, wie er zuvor: allein,

«So wie wir alle», sagte ich bei mir,
«ob wir gemeinsam oder einzeln schaffen.»

But as I said it, swift there passed me by
On noiseless wing a bewildered butterfly,

Seeking with memories grown dim o'er night
Some resting flower of yesterday's delight.

And once I marked his flight go round and round,
As where some flower lay withering on the ground.

And then he flew as far as eye could see,
And then on tremulous wing came back to me.

I thought of questions that have no reply,
And would have turned to toss the grass to dry;

But he turned first, and led my eye to look
At a tall tuft of flowers beside a brook,

A leaping tongue of bloom the scythe had spared
Beside a reedy brook the scythe had bared.

I left my place to know them by their name,
Finding them butterfly weed when I came.

The mower in the dew had loved them thus,
By leaving them to flourish, not for us,

Nor yet to draw one thought of ours to him,
But from sheer morning gladness at the brim.

The butterfly and I had lit upon,
Nevertheless, a message from the dawn,

That made me hear the wakening birds around,
And hear his long scythe whispering to the ground,

And feel a spirit kindred to my own;
So that henceforth I worked no more alone;

Als ich dies sagte, huschte ohne Laut
ein Schmetterling verwirrt an mir vorbei,

der suchte nach Erinnerungen, nachtgetrübt,
an eine Ruheblume, die ihn gestern labte.

Mit einem Mal sah ich ihn Kreise ziehn
um eine Blume, die da lag und welkte,

und dann flog er so weit ich sehen konnte,
und dann kam ängstlich flatternd er zurück.

Mir fielen Fragen ohne Antwort ein;
ich wandte mich dem Gras schon wieder zu,

da kehrte er schnell um und zog mein Auge
auf einen hohen Blumenschopf am Bach,

eine springende Blütenzunge, vom Schnitt verschont,
am Schilfbach, der sonst kahlgeschoren war.

Ich ging hinab, die Blumen anzuschauen,
sah gleich: Sie waren Schmetterlingsblütler.

Der Schnitter früh im Tau, der liebte sie
und ließ sie weiterblühn, doch nicht für uns

und auch nicht, dass wir seiner kurz gedächten.
Aus reiner Morgenfreude tat er es.

Auf eine Botschaft aus der Dämmerung
war dieser Schmetterling mit mir gestoßen,

die mich die Morgenvögel hören ließ
und hören, was zum Grund die Sense flüstert,

und fühlen einen gleichgesinnten Geist.
Von nun an tat ich Arbeit nie allein:

But glad with him, I worked as with his aid,
And weary, sought at noon with him the shade;

And dreaming, as it were, held brotherly speech
With one whose thought I had not hoped to reach.

"Men work together," I told him from the heart,
"Whether they work together or apart."

Ich schaffte froh mit ihm, als hülfe er mir,
und müde suchte ich mit ihm den Schatten,

und träumend sprach ich brüderlich mit ihm,
an dessen Geist ich nie herangereicht.

«Wir tun das Werk vereint», sprach ich von Herzen,
«ob wir's gemeinsam oder einzeln tun.»

Mending Wall

Something there is that doesn't love a wall,
That sends the frozen-ground-swell under it
And spills the upper boulders in the sun,
And makes gaps even two can pass abreast.
The work of hunters is another thing:
I have come after them and made repair
Where they have left not one stone on a stone,
But they would have the rabbit out of hiding,
To please the yelping dogs. The gaps I mean,
No one has seen them made or heard them made,
But at spring mending-time we find them there.
I let my neighbour know beyond the hill;
And on a day we meet to walk the line
And set the wall between us once again.
We keep the wall between us as we go.
To each the boulders that have fallen to each.
And some are loaves and some so nearly balls
We have to use a spell to make them balance:
"Stay where you are until our backs are turned!"
We wear our fingers rough with handling them.
Oh, just another kind of outdoor game,
One on a side. It comes to little more:
There where it is we do not need the wall:
He is all pine and I am apple orchard.
My apple trees will never get across
And eat the cones under his pines, I tell him.
He only says, "Good fences make good neighbors."
Spring is the mischief in me, and I wonder
If I could put a notion in his head:
"*Why* do they make good neighbors? Isn't it
Where there are cows? But here there are no cows.

Mauern ausbessern

Da ist etwas, das mag die Mauern nicht,
das schickt die Kraft des Frostes drunter,
wirft Steine oben in der Sonne ab,
macht Lücken, breit genug für zwei.
Das Werk der Jäger sieht ganz anders aus:
Ich flickte dort die Mauer hinter ihnen,
wo kein Stein auf dem andern blieb;
sie mussten aus dem Bau den Hasen jagen
fürs Hundeglück. Die Lücken, die ich meine,
hat niemand kommen sehen oder hören,
und sind im Frühjahr doch zum Füllen da.
Ich gab dem Nachbarn hinterm Berg Bescheid,
und tags darauf gehn wir zu zweit entlang,
und zwischen uns erneuern wir die Mauer.
Die Mauer bleibt zur Arbeit zwischen uns,
zu jeder Seite eines jeden Steine.
Wie Laibe manche, andre fast so rund,
dass wir ins Gleichgewicht sie zaubern müssen:
«Bleib, wo du bist, bis wir uns abgewandt!»
Wir scheuern unsere Finger rauh beim Greifen.
Ach, es ist auch nur so ein Spiel für draußen,
je Spielfeld einer – viel mehr ist es nicht.
An diesem Platz bedarf es keiner Mauer:
nur Kiefern er, und ich nur Apfelhain.
Mein Apfelwald wird nie hinübersteigen
und seine Kiefernzapfen fressen.
Er sagt nur: «Gute Zäune, gute Nachbarn.»
Der Frühling weckt den Schalk in mir, vielleicht
setz ich ihm heut mal einen Floh ins Ohr.
«*Warum* sind Zäune gut für Nachbarn? Gilt das
nicht nur, wo Kühe sind? Die seh ich nicht.

Before I built a wall I'd ask to know
What I was walling in or walling out,
And to whom I was like to give offense.
Something there is that doesn't love a wall,
That wants it down." I could say 'Elves' to him,
But it's not elves exactly, and I'd rather
He said it for himself. I see him there,
Bringing a stone grasped firmly by the top
In each hand, like an old-stone savage armed.
He moves in darkness as it seems to me,
Not of woods only and the shade of trees.
He will not go behind his father's saying,
And he likes having thought of it so well
He says again, "Good fences make good neighbors."

The Death of the Hired Man

Mary sat musing on the lamp-flame at the table
Waiting for Warren. When she heard his step,
She ran on tiptoe down the darkened passage
To meet him in the doorway with the news
And put him on his guard. "Silas is back."
She pushed him outward with her through the door
And shut it after her. "Be kind," she said.
She took the market things from Warren's arms
And set them on the porch, then drew him down
To sit beside her on the wooden steps.

"When was I ever anything but kind to him?
But I'll not have the fellow back," he said.
"I told him so last haying, didn't I?
If he left then, I said, that ended it.

Bevor ich eine Mauer baue, frag
ich mich, was mauere ich ein, was aus,
und wen ich etwa damit kränke.
Da ist etwas, das mag die Mauern nicht,
das will sie brechen.» ‹Elfen› könnt ich sagen,
doch Elfen sind's nur fast, und mir wär's lieb,
er spräch es selber aus. Ich seh ihn dort,
wie er mit beiden Händen einen Stein
grad wie ein Steinzeitmensch in Waffen bringt.
Er geht im Dunkeln, scheint es mir,
nicht nur des Waldes und der Bäume Schatten.
Er sieht nicht hinter seines Vaters Spruch,
und freut sich, wie er sich daran erinnert,
dann wiederholt er: «Gute Zäune, gute Nachbarn.»

Der Tod des Tagelöhners

Mary sann in das Lampenlicht am Tisch,
auf Warren wartend. Als seine Schritte nahten,
lief sie auf Zehen durch den dunklen Flur,
die Nachricht an der Tür zu überbringen
und ihn zu warnen. «Silas ist zurück.»
Sie schob ihn mit nach draußen durch die Tür
und schloss sie hinter sich. «Sei nett», sprach sie.
Sie nahm den Einkauf Warren aus den Armen
und legte alles hin und zog ihn nieder,
sich auf die Stufe neben sie zu setzen.

«Wann bin ich je nicht nett zu ihm gewesen?
Doch ich will diesen Kerl nicht wieder hier.
Hab ich's beim letzten Heuen nicht gesagt?
Wenn er jetzt abhaut, sagte ich, ist's aus!

What good is he? Who else will harbor him
At his age for the little he can do?
What help he is there's no depending on.
Off he goes always when I need him most.
He thinks he ought to earn a little pay,
Enough at least to buy tobacco with,
So he won't have to beg and be beholden.
'All right,' I say, 'I can't afford to pay
Any fixed wages, though I wish I could.'
'Someone else can.' 'Then someone else will have to.'
I shouldn't mind his bettering himself
If that was what it was. You can be certain,
When he begins like that, there's someone at him
Trying to coax him off with pocket-money –
In haying time, when any help is scarce.
In winter he comes back to us. I'm done."

"Sh! not so loud: he'll hear you," Mary said.

"I want him to: he'll have to soon or late."

"He's worn out. He's asleep beside the stove.
When I came up from Rowe's I found him here,
Huddled against the barn door fast asleep,
A miserable sight, and frightening, too –
You needn't smile – I didn't recognize him –
I wasn't looking for him – and he's changed.
Wait till you see."

                    "Where did you say he'd been?"

"He didn't say. I dragged him to the house,
And gave him tea and tried to make him smoke.
I tried to make him talk about his travels.
Nothing would do: he just kept nodding off."

"What did he say? Did he say anything?"

Was taugt er noch? Wer sonst gibt ihm ein Dach
in seinem Alter, bei dem, was er noch schafft?
Auf seine Hilfe ist doch kein Verlass.
Wenn ich ihn wirklich brauche, haut er ab.
Er meint, er sollt' ein bisschen was verdienen,
für Tabak grad genug, damit er nicht
durch Betteln sich zu Dank verpflichtet fühlt!
‹Na gut›, sag ich, ‹ich kann es mir nicht leisten,
dir festen Lohn zu zahlen, so gern ich's tät'.›
‹Ein anderer kann's.› ‹Dann muss halt der es tun.›
Es stört mich nicht, dass er was Besseres will,
wenn's das nur wär. Du kannst dir sicher sein:
Fängt er so an, dann ist da einer, der
mit einem Taschengeld ihn locken will –
zur Heuzeit, wenn es wenig Helfer gibt.
Im Winter kommt er wieder her. Mir reicht's.»

«Sch! Nicht so laut: Er hört dich», sagte Mary.

«Soll er! Er muss es irgendwann erfahren.»

«Er ist am Ende, ist beim Ofen eingeschlafen.
Als ich von Rowes kam, fand ich ihn hier,
ans Scheunentor in festem Schlaf gekauert,
erbärmlich anzuschaun, ich hatte Angst –
hör auf zu grinsen – ich erkannte ihn nicht –
ich hab ihn nicht erwartet – er ist anders.
Du wirst es sehn.»

       «Wo, sagst du, kam er her?»

«Er sagte nichts. Ich schleppte ihn ins Haus
und gab ihm Tee und wollte, dass er raucht
und mir von seinen Reisen was erzählt.
Nichts half. Er nickte immer wieder ein.»

«Was sagte er? Hat er gar nichts gesagt?»

"But little."

      "Anything? Mary, confess
He said he'd come to ditch the meadow for me."

"Warren!"

      "But did he? I just want to know."

"Of course he did. What would you have him say?
Surely you wouldn't grudge the poor old man
Some humble way to save his self-respect.
He added, if you really care to know,
He meant to clear the upper pasture, too.
That sounds like something you have heard before?
Warren, I wish you could have heard the way
He jumbled everything. I stopped to look
Two or three times – he made me feel so queer –
To see if he was talking in his sleep.
He ran on Harold Wilson – you remember –
The boy you had in haying four years since.
He's finished school, and teaching in his college.
Silas declares you'll have to get him back.
He says they two will make a team for work:
Between them they will lay this farm as smooth!
The way he mixed that in with other things.
He thinks young Wilson a likely lad, though daft
On education – you know how they fought
All through July under the blazing sun,
Silas up on the cart to build the load,
Harold along beside to pitch it on."

"Yes, I took care to keep well out of earshot."

"Well, those days trouble Silas like a dream.
You wouldn't think they would. How some things linger!

«Nur wenig.»

     «Nichts? Gib zu, er hat gesagt,
er komme für den Graben an der Wiese.»

«Ach, Warren!»

      «Ist es so? Ich will es wissen.»

«Natürlich. Was hätt er sonst sagen sollen?
Du nimmst dem alten Mann doch wohl nicht übel,
wie er die Achtung vor sich selbst bewahrt.
Falls es dich interessiert: Er meinte auch,
dass er die obere Weide lichten wolle.
Das hast du alles schon einmal gehört?
Oh Warren, hättest du nur hören können,
wie er es durcheinander warf. Ich schaute
zwei-, dreimal – alles kam mir seltsam vor –,
zu sehn, ob er vielleicht im Schlafe sprach.
Um Harold Wilson ging's, den Jungen, weißt du,
den du zum Heuen hattest, vor vier Jahren.
Er unterrichtet jetzt an seiner alten Schule.
Silas schlägt vor, dass du ihn wieder holst.
Er sagt, wenn sie zu zweit die Arbeit tun,
wird aus der Farm im Nu ein Prachtstück werden.
Wie er so durcheinander alles brachte!
Für vielversprechend hält er Wilson, wenn auch
in Bildung zu vernarrt – du weißt, sie zankten
den ganzen Juli unter heißer Sonne,
er oben auf dem Wagen, Ladung schichtend,
und Harold unten, um sie hochzuwerfen.»

«Ich hielt mich fern, um es bloß nicht zu hören.»

«Nun, jene Zeit plagt Silas wie ein Traum.
Man glaubt es kaum. Wie manche Dinge bleiben!

Harold's young college-boy's assurance piqued him.
After so many years he still keeps finding
Good arguments he sees he might have used.
I sympathize. I know just how it feels
To think of the right thing to say too late.
Harold's associated in his mind with Latin.
He asked me what I thought of Harold's saying
He studied Latin, like the violin,
Because he liked it – that an argument!
He said he couldn't make the boy believe
He could find water with a hazel prong –
Which showed how much good school had ever done him.
He wanted to go over that. But most of all
He thinks if he could have another chance
To teach him how to build a load of hay –"

"I know, that's Silas' one accomplishment.
He bundles every forkful in its place,
And tags and numbers it for future reference,
So he can find and easily dislodge it
In the unloading. Silas does that well.
He takes it out in bunches like big birds' nests.
You never see him standing on the hay
He's trying to lift, straining to lift himself."

"He thinks if he could teach him that, he'd be
Some good perhaps to someone in the world.
He hates to see a boy the fool of books.
Poor Silas, so concerned for other folk,
And nothing to look backward to with pride,
And nothing to look forward to with hope,
So now and never any different."

Part of a moon was falling down the west,
Dragging the whole sky with it to the hills.

Die Sicherheit von Harold kränkte ihn.
Nach all den Jahren findet er noch immer
Erwiderungen, die ihm hätten helfen können.
Es geht mir nah. Ich kenne das Gefühl,
die beste Antwort viel zu spät zu finden.
Silas verbindet Harold immer mit Latein.
Er fragte, was von Harolds Spruch ich hielte,
er lerne das Latein wie seine Geige:
Es mache einfach Spaß – was für ein Grund!
Er sagt, der Junge wolle ihm nicht glauben,
dass er mit Haselruten Wasser finde –
das zeige doch, die Schule tauge nichts.
Er wolle das noch klären. Doch vor allem:
Er hofft noch mal auf die Gelegenheit,
das Schichten einer Fuhre Heu ihm beizubringen.»

«Ich weiß, darin ist Silas ohnegleichen.
Ein jedes Büschel findet seinen Platz,
mit Etikett für spätere Verwendung,
damit er es gut findet und leicht packt,
wenn er entlädt. Das macht er wirklich gut.
Wie große Vogelnester nimmt er sie.
Nie steht er auf dem Heu auf seiner Gabel
und müht sich, mit dem Heu sich selbst zu heben.»

«Er glaubt, wenn er das Harold lehren könnte,
tät er für einen auf der Welt was Gutes.
Er mag es nicht, wenn Jungen Büchernarren sind.
Ach, armer Silas, so besorgt um andre,
und er hat nichts, was ihn mit Stolz erfüllt,
und nichts, was ihm noch eine Hoffnung gibt,
so ist es jetzt, und niemals wird es anders sein.»

Im Westen fiel ein Teil des Monds herab
und zog mit sich den Himmel zu den Hügeln.

Its light poured softly in her lap. She saw it
And spread her apron to it. She put out her hand
Among the harplike morning-glory strings,
Taut with the dew from garden bed to eaves,
As if she played unheard some tenderness
That wrought on him beside her in the night.
"Warren," she said, "he has come home to die:
You needn't be afraid he'll leave you this time."

"Home," he mocked gently.

                              "Yes, what else but home?
It all depends on what you mean by home.
Of course he's nothing to us, any more
Than was the hound that came a stranger to us
Out of the woods, worn out upon the trail."

"Home is the place where, when you have to go there,
They have to take you in."

                              "I should have called it
Something you somehow haven't to deserve."

Warren leaned out and took a step or two,
Picked up a little stick, and brought it back
And broke it in his hand and tossed it by.
"Silas has better claim on us you think
Than on his brother? Thirteen little miles
As the road winds would bring him to his door.
Silas has walked that far no doubt today.
Why doesn't he go there? His brother's rich,
A somebody – director in the bank."

"He never told us that."

                              "We know it, though."

Sein Licht floss sanft in ihren Schoß. Sie sah's
und hielt die Schürze auf. Die Hand griff in
die harfengleichen Fäden einer Winde,
im Tau gespannt vom Gartenbett zum First,
als spielte sie von Zartheit ungehört,
die auf ihn wirkte neben ihr des Nachts.
«Warren», sprach sie, «er kam zum Sterben heim.
Du musst nicht fürchten, dass er wieder geht.»

«Heim», spottete er sanft.

                    «Was sonst als heim?
Die Frage ist: Was meinst du mit ‹daheim›?
Gewiss bedeutet Silas uns nicht mehr
als jener fremde Hund, der aus dem Wald
erschöpft vom Spurensuchen zu uns kam.»

«Daheim ist, wo man, wenn du hingehn musst,
dich einzulassen hat.»

                  «Ich nenn es eher:
was man sich nicht zuerst verdienen muss.»

Nach vorn gebeugt ging Warren zwei Schritt vor
und hob ein Stöckchen auf und trug's zurück,
zerbrach's in seiner Hand und warf es fort.
«Du findest, Silas hat auf uns mehr Anspruch als
auf seinen Bruder? Dreizehn lumpige Meilen
die Straße lang, schon steht er vor der Tür.
So viel hat Silas heute schon geschafft.
Warum geht er nicht zu dem reichen Bruder?
Der ist doch wer – Direktor einer Bank.»

«Das hat er nie erzählt.»

                  «Wir wissen's aber.»

"I think his brother ought to help, of course.
I'll see to that if there is need. He ought of right
To take him in, and might be willing to –
He may be better than appearances.
But have some pity on Silas. Do you think
If he had any pride in claiming kin
Or anything he looked for from his brother,
He'd keep so still about him all this time?"

"I wonder what's between them."

                                    "I can tell you.
Silas is what he is – we wouldn't mind him –
But just the kind that kinsfolk can't abide.
He never did a thing so very bad.
He don't know why he isn't quite as good
As anybody. Worthless though he is,
He won't be made ashamed to please his brother."

"*I* can't think Si ever hurt anyone."

"No, but he hurt my heart the way he lay
And rolled his old head on that sharp-edged chair-back.
He wouldn't let me put him on the lounge.
You must go in and see what you can do.
I made the bed up for him there tonight.
You'll be surprised at him – how much he's broken.
His working days are done; I'm sure of it."

"I'd not be in a hurry to say that."

"I haven't been. Go, look, see for yourself.
But, Warren, please remember how it is:
He's come to help you ditch the meadow.
He has a plan. You mustn't laugh at him.
He may not speak of it, and then he may.

«Ich denk, sein Bruder sollte freilich helfen.
Ich sorge schon dafür. Er hat die Pflicht,
ihn aufzunehmen, will es auch vielleicht –
er könnte besser sein, als es uns scheint.
Doch sieh es Silas nach. Meinst du denn,
wenn er auf den Verwandten wirklich stolz wär
und von dem Bruder was erwarten dürfte,
dann hätte er die ganze Zeit geschwiegen?»

«Was sie wohl trennt?»

                         «Das kann ich dir schon sagen:
Silas ist, wie er ist – uns stört das nicht –,
doch die Verwandten hassen diese Art.
Was wirklich Schlimmes hat er nie getan.
Er weiß es nicht, warum er nicht so gut
wie andre gilt. So wenig er auch taugt –
sich schämen, weil's der Bruder will: niemals.»

«*Ich* glaub, Si hat noch keinem wehgetan.»

«Nur meinem Herzen, wie sein alter Kopf
entlang der harten Rückenlehne rollte.
Er ließ sich nicht von mir aufs Sofa legen.
Geh bitte rein und schau, was du erreichst.
Ich hab ihm dort für heut ein Bett gerichtet.
Du wirst dich wundern, so gebrochen ist er.
Sein Werktag ist vorüber, ganz gewiss.»

«Ich wäre nicht so schnell, das zu behaupten.»

«Das bin ich nicht. Geh rein und schau doch selbst.
Doch Warren, bitte denk daran:
Er wollte dir am Wiesengraben helfen.
Er hat nen Plan. Lach ihn dafür nicht aus.
Vielleicht erwähnt er's nicht, vielleicht erwähnt er's.

I'll sit and see if that small sailing cloud
Will hit or miss the moon."

      It hit the moon.
Then there were three there, making a dim row,
The moon, the little silver cloud, and she.

Warren returned – too soon, it seemed to her –
Slipped to her side, caught up her hand and waited.

"Warren?" she questioned.

      "Dead," was all he answered.

The Mountain

The Mountain held the town as in a shadow.
I saw so much before I slept there once:
I noticed that I missed stars in the west,
Where its black body cut into the sky.
Near me it seemed: I felt it like a wall
Behind which I was sheltered from a wind.
And yet between the town and it I found,
When I walked forth at dawn to see new things,
Were fields, a river, and beyond, more fields.
The river at the time was fallen away,
And made a widespread brawl on cobblestones;
But the signs showed what it had done in spring:
Good grassland gullied out, and in the grass
Ridges of sand, and driftwood stripped of bark.
I crossed the river and swung round the mountain.
And there I met a man who moved so slow
With white-faced oxen, in a heavy cart,
It seemed no harm to stop him altogether.

Ich bleibe hier und schau, ob diese kleine Wolke
den Mond trifft oder nicht.»

                        Sie traf den Mond.
Dann war'n sie drei, in einer blassen Reihe,
der Mond, die kleine Silberwolke, sie.

Warren kam wieder – allzu bald, schien ihr –,
glitt neben sie, griff ihre Hand, saß still.

Sie fragte: «Warren?»

                «Tot» war seine ganze Antwort.

Der Berg

Der Berg hielt wie im Schatten diese Stadt.
Ich sah nur dies, bevor ich dort einst schlief:
Im Westen fehlten mir die Sterne, wo
sein schwarzer Leib in ihren Himmel schnitt.
Er schien mir nah: Ich spürte eine Wand,
in deren Schutz ein Wind mich nicht erreichte.
Und dennoch stieß ich zwischen Stadt und Berg,
als ich mit Lust auf Neues morgens auszog,
auf Felder, einen Fluss, und jenseits Felder.
Der Fluss, er führte damals wenig Wasser,
war nur ein breites Rauschen auf dem Kies;
man sah jedoch, was er im Frühling tat:
viel gutes Grasland ausgeschwemmt, im Gras
Streifen von Sand, und Treibholz ohne Rinde.
Ich ließ den Fluss zurück, ging um den Berg.
Da traf ich einen Mann auf schwerem Karren
mit weißgesichtigen Ochsen, der so langsam fuhr,
dass es nichts machte, ihn gleich anzuhalten.

"What town is this?" I asked.

"This? Lunenburg."

Then I was wrong: the town of my sojourn,
Beyond the bridge, was not that of the mountain,
But only felt at night its shadowy presence.
"Where is your village? Very far from here?"

"There is no village – only scattered farms.
We were but sixty voters last election.
We can't in nature grow to many more:
That thing takes all the room!" He moved his goad.
The mountain stood there to be pointed at.
Pasture ran up the side a little way,
And then there was a wall of trees with trunks;
After that only tops of trees, and cliffs
Imperfectly concealed among the leaves.
A dry ravine emerged from under boughs
Into the pasture.

"That looks like a path.
Is that the way to reach the top from here? –
Not for this morning, but some other time:
I must be getting back to breakfast now."

"I don't advise your trying from this side.
There is no proper path, but those that *have*
Been up, I understand, have climbed from Ladd's.
That's five miles back. You can't mistake the place:
They logged it there last winter some way up.
I'd take you, but I'm bound the other way."

"You've never climbed it?"

"I've been on the sides,
Deer-hunting and trout-fishing. There's a brook

«Wie heißt der Ort?» fragt' ich.

«Der? Lunenburg.»

Dann lag ich falsch: Die Stadt, die mich beherbergt,
jenseits vom Fluss, gehörte nicht dem Berg,
sie fühlte nachts nur seine Schattennähe.
«Wo ist Ihr Dorf? Ist es sehr weit von hier?»

«Es gibt kein Dorf − nur Farmen, weit verstreut.
Wir war'n zur letzten Wahl nur sechzig Stimmen.
Wir können hier wohl auch nicht viel mehr werden:
Das Ding braucht allen Platz!» Sein Stock fuhr hoch.
Der Berg stand dort, damit man darauf zeige.
Ein Stück die Flanke hoch war Weideland,
danach kam eine Mauer hoher Bäume;
dann nur noch Kronen, zwischen deren Blättern
sich schroffe Felsen mangelhaft verbargen.
Aus dem Gestrüpp lief eine trockene Schlucht
bis in die Weide.

«Das sieht wie ein Pfad aus.
Ist das der Weg von hier bis hoch zum Gipfel?
Nicht für heut morgen, für ein andermal;
ich muss zurück, weil es bald Frühstück gibt.»

«Ich rate Ihnen ab von dieser Seite.
Da ist kein rechter Weg. Wer oben war,
der stieg, soviel ich weiß, bei Ladd hinauf.
Fünf Meilen nur von hier, nicht zu verfehlen.
Im Winter wurde drüber abgeholzt.
Ich fahr nicht hin, sonst nähme ich Sie mit.»

«Sie war'n nie oben?»

«Nur an seinen Hängen,
zur Hirschjagd und zum Fischen. In dem Bach,

That starts up on it somewhere – I've heard say
Right on the top, tip-top – a curious thing.
But what would interest you about the brook,
It's always cold in summer, warm in winter.
One of the great sights going is to see
It steam in winter like an ox's breath,
Until the bushes all along its banks
Are inch-deep with the frosty spines and bristles –
You know the kind. Then let the sun shine on it!"

"There ought to be a view around the world
From such a mountain – if it isn't wooded
Clear to the top." I saw through leafy screens
Great granite terraces in sun and shadow,
Shelves one could rest a knee on getting up –
With depths behind him sheer a hundred feet –
Or turn and sit on and look out and down,
With little ferns in crevices at his elbow.

"As to that I can't say. But there's the spring,
Right on the summit, almost like a fountain.
That ought to be worth seeing."

                                    "If it's there.
You never saw it?"

                          "I guess there's no doubt
About its being there. I never saw it.
It may not be right on the very top:
It wouldn't have to be a long way down
To have some head of water from above,
And a *good distance* down might not be noticed
By anyone who'd come a long way up.
One time I asked a fellow climbing it
To look and tell me later how it was."

der irgendwo ganz oben auf dem Gipfel,
so hörte ich, entspringt – ganz oben, seltsam.
Der Bach, der könnte Sie wohl interessieren:
Im Sommer ist er kalt, im Winter warm.
Es ist ein toller Anblick, wenn man ihn
im Winter dampfen sieht wie Ochsenatem,
bis sämtliches Gebüsch an seinen Ufern
gut daumendick in frostigen Stacheln steht –
Sie wissen schon. Und dann noch Sonnenschein!»

«Von einem solchen Berg sieht man bestimmt
bis um die Welt – falls er nicht bis hinauf
bewaldet ist.» Ich sah durch Blätterwände
Terrassen aus Granit in Licht und Schatten,
Gesimse, die beim Aufstieg hilfreich sind –
mit dreißig Metern senkrecht unter dir –
und die zum Sitzen und zum Schauen dienen,
mit Farn, der in den Ritzen wächst, zur Seite.

«Das weiß ich nicht. Die Quelle aber gibt's,
genau am Gipfel, fast wie ne Fontäne.
Bestimmt ganz sehenswert.»

                                     «Falls sie dort ist.
Sie haben sie nie gesehn?»

                                     «Ich nehme an,
sie ist dort, zweifellos. Gesehn hab ich sie nie.
Sie ist vielleicht nicht auf der höchsten Spitze;
sie könnte auch ein wenig tiefer liegen
und wäre noch ne Quelle aus der Höh;
und läge sie ein *ganzes Stückchen* tiefer,
wär's jedem nach dem langem Aufstieg gleich.
Ich bat mal einen, der den Berg bestieg,
zu schaun und mir zu sagen, wie es war.»

"What did he say?"

                         "He said there was a lake
Somewhere in Ireland on a mountain top."

"But a lake's different. What about the spring?"

"He never got up high enough to see.
That's why I don't advise your trying this side.
He tried this side. I've always meant to go
And look myself, but you know how it is:
It doesn't seem so much to climb a mountain
You've worked around the foot of all your life.
What would I do? Go in my overalls,
With a big stick, the same as when the cows
Haven't come down to the bars at milking time?
Or with a shotgun for a stray black bear?
'Twouldn't seem real to climb for climbing it."

"I shouldn't climb it if I didn't want to –
Not for the sake of climbing. What's its name?"

"We call it Hor: I don't know if that's right."

"Can one walk around it? Would it be too far?"

"You can drive round and keep in Lunenburg,
But it's as much as ever you can do,
The boundary lines keep in so close to it.
Hor is the township, and the township's Hor –
And a few houses sprinkled round the foot,
Like boulders broken off the upper cliff,
Rolled out a little farther than the rest."

"Warm in December, cold in June, you say?"

"I don't suppose the water's changed at all.
You and I know enough to know it's warm

«Was hat er denn gesagt?»

                        «Es gäbe einen See
auf einem Gipfel irgendwo in Irland.»

«Ein See ist doch was anderes! Und die Quelle?»

«Er kam nicht hoch genug, um sie zu sehn.
Drum rate ich von dieser Seite ab.
Er hat es hier versucht. Ich wollte immer
mal selber gehn und schauen; doch Sie wissen ja:
Es reizt nicht sehr, auf einen Berg zu klettern,
an dessen Fuß man sich ein Leben plagt.
Was sollt ich tun? In Überhosen gehn,
mit einem langen Stock, wie wenn die Kühe
zur Melkzeit nicht ans Gatter kommen?
Mit einer Büchse wie zur Bärenjagd?
Denn klettern, um zu klettern, wär nicht recht.»

«Ich stiege auch nicht rauf, wenn ich nicht wollte –
nicht um des Kletterns willen. Und wie heißt er?»

«Bei uns nur Hor. Ich weiß nicht, ob das stimmt.»

«Kann man um ihn herumgehn? Ist das weit?»

«Man kann ihn ganz umfahren und bleibt doch
in Lunenburg. Viel mehr kann man nicht machen.
Die Ortsgrenzen laufen so eng daran entlang.
Hor ist der Ort, der Ort ist Hor – dazu
ein paar versprengte Häuser um den Fuß,
wie Brocken, aus der oberen Wand gebrochen,
die etwas weiter rollten als der Rest.»

«Warm im Dezember, kalt im Juni, sagen Sie?»

«Ich glaub, das Wasser selbst bleibt immer gleich.
Wir beide wissen schon genug, zu wissen:

Compared with cold, and cold compared with warm.
But all the fun's in how you say a thing."

"You've lived here all your life?"

                              "Ever since Hor
Was no bigger than a –" What, I did not hear.
He drew the oxen toward him with light touches
Of his slim goad on nose and offside flank,
Gave them their marching orders and was moving.

Home Burial

He saw her from the bottom of the stairs
Before she saw him. She was starting down,
Looking back over her shoulder at some fear.
She took a doubtful step and then undid it
To raise herself and look again. He spoke
Advancing toward her: "What is it you see
From up there always? – for I want to know."
She turned and sank upon her skirts at that,
And her face changed from terrified to dull.
He said to gain time: "What is it you see?"
Mounting until she cowered under him.
"I will find out now – you must tell me, dear."
She, in her place, refused him any help,
With the least stiffening of her neck and silence.
She let him look, sure that he wouldn't see,
Blind creature; and awhile he didn't see.
But at last he murmured, "Oh," and again, "Oh."

"What is it – what?" she said.

                              "Just that I see."

wenn's kalt ist, wirkt es warm, wenn's warm ist, kalt.
Der Witz liegt darin, wie man etwas sagt.»

«Sie waren hier ihr Leben lang?»

        «Seit Hor
nicht größer war als ein …» Als was, entging mir.
Mit seiner langen Gerte hieb er leicht
den Ochsen auf die Nasen und die Flanken,
gab ihnen ihren Marschbefehl und ging.

Heimbegräbnis

Vom Fuß der Treppe sah er auf zu ihr,
eh sie ihn sah. Sie wollte runtergehen,
und schaute hinter sich auf eine Angst.
Nach einer Stufe Zweifel macht' sie kehrt,
sich hochzuziehn und noch einmal zu schaun.
Da ging er auf sie zu und sprach: «Ich möcht
mal wissen, was du von da oben immer siehst.»
Als er so fragte, sank sie auf den Rock,
und das Entsetzen ihrer Augen wurde stumpf.
«Was siehst du?» fragte er erneut und stieg
hinauf, bis sie vor ihm dort kauerte.
«Jetzt krieg ich's raus – du musst es sagen, Liebes.»
Sie saß nur da und half ihm nicht mit ihrem
ganz leicht gespannten Hals und ihrem Schweigen.
Sie ließ ihn schauen, sicher, er sieht nichts.
Oh blinde Kreatur; lang sah er nichts.
Doch schließlich murmelte er «Oh» und «Oh».

«Was ist denn? Was?» sprach sie.

        «Ich seh es jetzt.»

"You don't," she challenged. "Tell me what it is."

"The wonder is I didn't see at once.
I never noticed it from here before.
I must be wonted to it — that's the reason.
The little graveyard where my people are!
So small the window frames the whole of it.
Not so much larger than a bedroom, is it?
There are three stones of slate and one of marble,
Broad-shouldered little slabs there in the sunlight
On the sidehill. We haven't to mind *those*.
But I understand: it is not the stones,
But the child's mound —"

                              "Don't, don't, don't, don't," she cried.

She withdrew, shrinking from beneath his arm
That rested on the banister, and slid downstairs;
And turned on him with such a daunting look,
He said twice over before he knew himself:
"Can't a man speak of his own child he's lost?"

"Not you! — Oh, where's my hat? Oh, I don't need it!
I must get out of here. I must get air. —
I don't know rightly whether any man can."

"Amy! Don't go to someone else this time.
Listen to me. I won't come down the stairs."
He sat and fixed his chin between his fists.
"There's something I should like to ask you, dear."

"You don't know how to ask it."

                              "Help me, then."

Her fingers moved the latch for all reply.

"My words are nearly always an offense.
I don't know how to speak of anything

44 · 45

«Wohl kaum», griff sie ihn an. «Was siehst du schon.»

«Seltsam, dass ich's nicht gleich gesehen hab.
Es fiel mir von hier oben niemals auf.
Ich bin wohl schon zu sehr daran gewöhnt.
Der Friedhof, auf dem meine Leute liegen!
So klein, das Fenster rahmt ihn gänzlich ein.
Kaum größer als ein Schlafzimmer, nicht wahr?
Drei Schiefersteine und ein Marmorstein,
breitschultrig kleine Tafeln dort am Hang
im Sonnenlicht. *Die* müssen uns nicht stören.
Ich hab's kapiert: Die Steine sind es nicht,
es ist das Kindergrab…»

                              «Hör auf, hör auf!» rief sie.

Sie schauderte zurück vor seinem Arm,
der auf dem Handlauf lag, und glitt treppab;
und ihr beängstigender Blick zwang ihn
zweimal zu sagen, eh er selbst verstand:
«Kann denn ein Mann vom toten Kind nicht sprechen?»

«Nicht du! Wo ist mein Hut? Ich brauch ihn nicht!
Ich muss hier raus. Ich brauche frische Luft.
Ich bin nicht sicher, ob ein Mann das kann.»

«Amy! Geh diesmal nicht zu andern Leuten.
Hör mir doch zu. Ich werd nicht runterkommen.»
Er setzte sich, das Kinn in seinen Fäusten.
«Ich wollte dich noch etwas fragen, Liebes.»

«Du weißt ja gar nicht wie.»

                              «Dann hilf mir doch.»

Sie hob zur Antwort an der Tür den Riegel.

«Fast immer kränken meine Worte dich.
Ich weiß nicht, was ich sagen soll, um es

So as to please you. But I might be taught,
I should suppose. I can't say I see how.
A man must partly give up being a man
With womenfolk. We could have some arrangement
By which I'd bind myself to keep hands off
Anything special you're a-mind to name.
Though I don't like such things 'twixt those that love.
Two that don't love can't live together without them.
But two that do can't live together with them."
She moved the latch a little. "Don't – don't go.
Don't carry it to someone else this time.
Tell me about it if it's something human.
Let me into your grief. I'm not so much
Unlike other folks as your standing there
Apart would make me out. Give me my chance.
I do think, though, you overdo it a little.
What was it brought you up to think it the thing
To take your mother-loss of a first child
So inconsolably – in the face of love.
You'd think his memory might be satisfied –"

"There you go sneering now!"

                              "I'm not, I'm not!
You make me angry. I'll come down to you.
God, what a woman! And it's come to this,
A man can't speak of his own child that's dead."

"You can't because you don't know how to speak.
If you had any feelings, you that dug
With your own hand – how could you? – his little grave;
I saw you from that very window there,
Making the gravel leap and leap in air,
Leap up, like that, like that, and land so lightly
And roll back down the mound beside the hole.

dir recht zu machen. Aber lernen könnt ich's,
nehm ich doch an. Nur wie – das weiß ich nicht.
Ein Mann muss bei den Frauen sich zum Teil
als Mann verleugnen. Lass uns hier die Regel
beschließen, die mich bindet, nichts von dem,
was du nicht hören willst, zu streifen.
Auch wenn ich sowas zwischen Liebenden nicht mag.
Zwei ohne Liebe kommen ohne das nicht aus.
Zwei, die sich lieben, gehn daran kaputt.»
Sie schob den Riegel hoch. «Tu's nicht – geh nicht.
Trag dieses eine Mal es nicht zu andern.
Erzähl es mir, wenn es nur menschlich ist.
Verrat mir deinen Gram. Ich bin nicht so fremd,
wie mich dein Stehen abseits an der Tür
erscheinen lässt. Gib mir nur eine Chance.
Ich glaube aber, dass du übertreibst.
Was macht dich glauben, über den Verlust
des ersten Kindes so untröstlich sein zu müssen,
sei angebracht – im Angesicht der Liebe.
Man sollte meinen, seiner ward genug gedacht…»

«Jetzt höhnst du wieder!»

                      «Nein, das tu ich nicht!
Du machst mich wütend! Ich komm zu dir runter.
Gott, diese Frau! Und so weit ist es schon:
Ein Mann kann nicht vom toten Kinde sprechen.»

«Du nicht, weil du nicht weißt, wie man da spricht.
Wenn du Gefühle hättest, der du grubst
mit eigener Hand – wie nur? – sein kleines Grab;
von eben diesem Fenster sah ich dich,
und wie der Kies nach oben sprang und sprang,
hoch sprang, und so, und so, und nieder fiel
und von dem kleinen Haufen rollt am Grab.

I thought, Who is that man? I didn't know you.
And I crept down the stairs and up the stairs
To look again, and still your spade kept lifting.
Then you came in. I heard your rumbling voice
Out in the kitchen, and I don't know why,
But I went near to see with my own eyes.
You could sit there with the stains on your shoes
Of the fresh earth from your own baby's grave
And talk about your everyday concerns.
You had stood the spade up against the wall
Outside there in the entry, for I saw it."

"I shall laugh the worst laugh I ever laughed.
I'm cursed. God, if I don't believe I'm cursed."

"I can repeat the very words you were saying:
'Three foggy mornings and one rainy day
Will rot the best birch fence a man can build.'
Think of it, talk like that at such a time!
What had how long it takes a birch to rot
To do with what was in the darkened parlour?
You *couldn't* care! The nearest friends can go
With anyone to death, comes so far short
They might as well not try to go at all.
No, from the time when one is sick to death,
One is alone, and he dies more alone.
Friends make pretense of following to the grave,
But before one is in it, their minds are turned
And making the best of their way back to life
And living people, and things they understand.
But the world's evil. I won't have grief so
If I can change it. Oh, I won't, I won't!"

"There, you have said it all and you feel better.
You won't go now. You're crying. Close the door.

Wer ist der Mann, dacht ich. Du warst mir fremd.
Ich kroch die Stufen rauf, die Stufen runter,
noch mal zu schaun: Noch immer grub dein Spaten.
Dann kamst du rein. Ich hörte deine Stimme
in der Küche lärmen, doch ich wollte – ich
weiß nicht, warum – mit eigenen Augen sehn.
Du saßest einfach da, die Schuhe schmutzig
mit Erde von des eigenen Kindes Grab,
und sprachst nur über deine Alltagsdinge.
Der Spaten lehnte draußen an der Wand
vorm Eingang, ja, ich hab es selbst gesehn.»

«Gleich lach ich schlimmer, als ich je gelacht.
Ich bin verflucht. Verflucht, Gott, ohne Glauben.»

«Was du gesagt hast, weiß ich noch genau:
‹Drei Nebelmorgen und ein Regentag,
da fault der bestgebaute Birkenzaun.›
Denk doch, ein solcher Satz zu solcher Zeit!
Was hat, wie schnell die Birke fault, zu tun
mit dem, was dort im dunklen Zimmer lag?
Es konnte dich nicht kümmern! Selbst wenn einen
die engsten Freunde in den Tod geleiten,
so wenig hilft's, sie könnten es gleich lassen.
Nein, wenn der Tod sich einem Kranken nähert,
ist er allein, und stirbt noch mehr allein.
Die Freunde scheinen dir zum Grab zu folgen,
doch eh man drin ist, sind sie in Gedanken
schon wieder auf dem besten Weg zum Leben,
zu Lebenden, zu dem, was sie verstehen.
Die Welt ist böse. Diese Trauer will ich nicht,
wenn's anders geht. Ich will das nicht, so nicht!»

«Da, alles ist gesagt und dir geht's besser.
Jetzt bleibst du hier. Nun weinst du. Schließ die Tür.

The heart's gone out of it: why keep it up?
Amy! There's someone coming down the road!"

"*You* – oh, you think the talk is all. I must go –
Somewhere out of this house. How can I make you –"

"If – you – do!" She was opening the door wider.
"Where do you mean to go? First tell me that.
I'll follow and bring you back by force. I *will*! –"

A Servant to Servants

I didn't make you know how glad I was
To have you come and camp here on our land.
I promised myself to get down some day
And see the way you lived, but I don't know!
With a houseful of hungry men to feed
I guess you'd find… It seems to me
I can't express my feelings, any more
Than I can raise my voice or want to lift
My hand (oh, I can lift it when I have to).
Did ever you feel so? I hope you never.
It's got so I don't even know for sure
Whether I *am* glad, sorry, or anything.
There's nothing but a voice-like left inside
That seems to tell me how I ought to feel,
And would feel if I wasn't all gone wrong.
You take the lake. I look and look at it.
I see it's a fair, pretty sheet of water.
I stand and make myself repeat out loud
The advantages it has, so long and narrow,
Like a deep piece of some old running river
Cut short off at both ends. It lies five miles

Das Herzblut ist vergossen. Lass es gut sein!
Amy! Da geht wer draußen auf der Straße!»

«Du – ach, du meinst, zu reden reiche schon.
Ich muss hier raus. Wie bring ich dich dazu…»

«Wag – es – nicht!» Sie öffnete die Tür noch mehr.
«Wo willst du hin? Du sagst mir das zuerst!
Ich komm und hol dich mit Gewalt. Ich tu's!»

Im Dienst der Arbeiter

Ich hab euch nicht gesagt, wie froh ich war,
dass ihr auf unserm Land hier zelten wolltet.
Ich nahm mir vor, zu euch hinab zu gehn,
zu schauen, wie ihr lebt. Ich weiß nicht recht.
Muss man ein ganzes Haus voll Männer füttern,
dann findet man vielleicht… Mir scheint, ich kann
Gefühle nicht so zeigen, nicht mehr als ich
die Stimme heben kann und meine Hand
(Oh, wenn es sein muss, kann ich sie schon heben).
Kennt ihr so ein Gefühl? Ich hoffe, nie.
Es ist schon so weit, dass ich kaum noch weiß,
ob ich mich freue, gräme oder sonstwas.
Ich hör in mir nur eine Art von Stimme,
die zu mir sagt, wie ich mich fühlen sollte
und fühlen würde, stünde ich nicht neben mir.
Nehmt nur den See. Ich schau und schau ihn an.
Ich seh ne helle hübsche Wasserfläche.
Ich stehe da und zwing mich aufzusagen,
wie gut das alles ist, so lang und schmal
wie ein aus einem alten, tiefen Fluss
geschnittnes Stück. Er liegt fünf Meilen lang

Straightaway through the mountain notch
From the sink window where I wash the plates,
And all our storms come up toward the house,
Drawing the slow waves whiter and whiter and whiter.
It took my mind off doughnuts and soda biscuit
To step outdoors and take the water dazzle
A sunny morning, or take the rising wind
About my face and body and through my wrapper,
When a storm threatened from the Dragon's Den,
And a cold chill shivered across the lake.
I see it's a fair, pretty sheet of water,
Our Willoughby! How did you hear of it?
I expect, though, everyone's heard of it.
In a book about ferns? Listen to that!
You let things more like feathers regulate
Your going and coming. And you like it here?
I can see how you might. But I don't know!
It would be different if more people came,
For then there would be business. As it is,
The cottages Len built, sometimes we rent them,
Sometimes we don't. We've a good piece of shore
That ought to be worth something, and may yet.
But I don't count on it as much as Len.
He looks on the bright side of everything,
Including me. He thinks I'll be all right
With doctoring. But it's not medicine –
Lowe is the only doctor's dared to say so –
It's rest I want – there, I have said it out –
From cooking meals for hungry hired men
And washing dishes after them – from doing
Things over and over that just won't stay done.
By good rights I ought not to have so much
Put on me, but there seems no other way.

vom Rinnstein-Fenster, wo ich Teller spüle,
grad durch die Klamm, und unsre Stürme kommen
bis an das Haus heran und ziehen ihm
die ruhigen Wellen weiß und immer weißer.
Die Krapfen und die Kekse waren mir egal,
wenn ich am Morgen in die Sonne ging,
das Wassergleißen und den Wind genoss
auf Haut und Haaren, durch mein Tuch hindurch,
wenn uns ein Sturm von Dragon's Den her drohte
und übern See ein kalter Schauer lief.
Ich seh ne helle hübsche Wasserfläche,
den Willoughby! Wie wusstet ihr von ihm?
Ich glaub, von ihm hat jeder schon gehört.
In einem Buche über Farn? Jetzt hört euch das an!
Was fast wie Federn ist, bestimmt, wohin
ihr geht, woher ihr kommt. Gefällt's euch hier?
Falls ja, kann ich's verstehn. Ich weiß nicht recht!
Es wäre anders, wenn mehr Leute kämen,
dann ginge es hier rund. So, wie es jetzt ist,
vermieten wir Lens selbstgebaute Hütten
nicht oft. Doch uns gehört ein gutes Stück
vom Ufer, das vielleicht noch was erbringt.
Doch ich zähl darauf nicht so sehr wie Len.
Er sieht an allem nur das Beste, auch
an mir. Er glaubt, es ginge mir bald besser
mit Medizin. Die brauch ich aber nicht –
das sagt als einziger auch Doktor Lowe –
ich brauche Ruhe – so, jetzt ist es raus –
vorm Kochen für die Tagelöhner, vorm Abwasch,
vor all den Dingen, die, auch wenn man sie
erledigt hat, doch nie erledigt bleiben.
Es wär mein gutes Recht, dass man mir nicht
so viele Bürden gäb – es muss wohl sein.

Len says one steady pull more ought to do it.
He says the best way out is always through.
And I agree to that, or in so far
As that I can see no way out but through –
Leastways for me – and then they'll be convinced.
It's not that Len don't want the best for me.
It was his plan our moving over in
Beside the lake from where that day I showed you
We used to live – ten miles from anywhere.
We didn't change without some sacrifice,
But Len went at it to make up the loss.
His work's a man's, of course, from sun to sun,
But he works when he works as hard as I do –
Though there's small profit in comparisons.
(Women and men will make them all the same.)
But work ain't all. Len undertakes too much.
He's into everything in town. This year
It's highways, and he's got too many men
Around him to look after that make waste.
They take advantage of him shamefully,
And proud, too, of themselves for doing so.
We have four here to board, great good-for-nothings,
Sprawling about the kitchen with their talk
While I fry their bacon. Much they care!
No more put out in what they do or say
Than if I wasn't in the room at all.
Coming and going all the time, they are:
I don't learn what their names are, let alone
Their characters, or whether they are safe
To have inside the house with doors unlocked.
I'm not afraid of them, though, if they're not
Afraid of me. There's two can play at that.
I have my fancies: it runs in the family.

Len sagt, noch einmal alles geben, dann ist's gut.
Der beste Weg hinaus sei der hindurch.
Da stimme ich ihm zu, das heißt: zumindest
für mich gibt's nur den Ausweg mittendurch,
das überzeugt sie dann bestimmt. Nicht,
dass Len für mich nicht nur das Beste wollte.
Es war sein Plan, hier an den See zu ziehn.
Ich hab euch mal gezeigt, woher wir kamen.
Im Umkreis von zehn Meilen war dort nichts.
Natürlich kostete der Umzug Opfer.
Doch Len tat alles, um es wettzumachen.
Nur Männerarbeit macht er, früh bis spät,
er schuftet aber, wenn er schuftet, so wie ich –
auch wenn Vergleiche dieser Art nichts bringen
(und Frauen und Männer ziehen sie trotzdem.)
Doch Arbeit ist nicht alles. Len betreibt zu viel.
Bei allem in der Stadt ist er dabei.
In diesem Jahr sind's Straßen, und er hat
die Aufsicht über viele faule Kerle.
Sie nützen ihn so schändlich aus und sind
dann auch noch stolz auf sich, dass sie es tun.
Vier von den Taugenichtsen wohnen hier
und hocken rum und schwingen große Reden,
und ich brat Speck für sie. Wie sehr sie's danken!
Sie halten sich grad so in Zaum, als ob
ich überhaupt nicht mit im Zimmer wäre.
Mal kommen sie, mal gehn sie – immerzu.
Ich weiß nicht ihre Namen und erst recht
nicht ihre Art, und ob man ihnen trauen kann,
wenn sie im Haus sind und die Türen offen.
Angst hab ich nicht vor ihnen, höchstens sie
vor mir. Denn was die können, kann ich auch.
Ich habe Macken – nun, das liegt in der Familie.

My father's brother wasn't right. They kept him
Locked up for years back there at the old farm.
I've been away once – yes, I've been away.
The State Asylum. I was prejudiced;
I wouldn't have sent anyone of mine there;
You know the old idea – the only asylum
Was the poorhouse, and those who could afford,
Rather than send their folks to such a place,
Kept them at home; and it does seem more human.
But it's not so: the place is the asylum.
There they have every means proper to do with,
And you aren't darkening other people's lives –
Worse than no good to them, and they no good
To you in your condition; you can't know
Affection or the want of it in that state.
I've heard too much of the old-fashioned way.
My father's brother, he went mad quite young.
Some thought he had been bitten by a dog,
Because his violence took on the form
Of carrying his pillow in his teeth;
But it's more likely he was crossed in love,
Or so the story goes. It was some girl.
Anyway all he talked about was love.
They soon saw he would do someone a mischief
If he wa'n't kept strict watch of, and it ended
In father's building him a sort of cage,
Or room within a room, of hickory poles,
Like stanchions in the barn, from floor to ceiling –
A narrow passage all the way around.
Anything they put in for furniture
He'd tear to pieces, even a bed to lie on.
So they made the place comfortable with straw,
Like a beast's stall, to ease their consciences.

Der Bruder meines Vaters war verrückt.
Sie sperrten ihn im Haus für Jahre weg.
Auch ich war schon mal fort – ja, ich war fort.
Die Irrenanstalt. Voller Vorurteile war ich:
Ich hätte von den Meinen niemand hingeschickt.
Ihr wisst, man hieß nur eine Anstalt gut,
das Armenhaus, und wer sich's leisten konnte,
ließ seine Leute gleich daheim, statt sie
dorthin zu schicken; das scheint menschlicher.
Das ist es nicht: Die Irrenanstalt ist's.
Die haben alle Mittel, die es braucht,
und du verdüsterst nicht das Leben anderer –
du tust den anderen nichts Gutes und
sie tun auch dir nichts Gutes in dem Zustand,
der weder Liebe noch ihr Fehlen kennt.
Den alten Brauch kenn ich schon zur Genüge.
Der Bruder meines Vaters wurde jung verrückt.
Von einem Hundebiss, so glaubten manche,
weil seine Ausbrüche sich darin zeigten,
dass er sein Kissen in den Zähnen trug;
doch eher kam's von Unglück in der Liebe,
erzählt man sich. Ein Mädchen war der Grund.
Die ganze Zeit sprach er nur von der Liebe.
Man fand, er könnte andern etwas antun,
wenn man ihn nicht bewachte. Schließlich baute
der Vater für ihn eine Art von Käfig:
ein Raum in einem Raum, aus Hickorystangen,
wie Balken einer Scheune hoch zur Decke –
und rundherum blieb nur ein schmaler Gang.
Was sie auch immer ihm als Möbel gaben,
er riss es gleich in Stücke, selbst ein Bett.
Sie legten deshalb weiches Stroh hinein,
als wär's ein Stall, für besseres Gewissen.

Of course they had to feed him without dishes.
They tried to keep him clothed, but he paraded
With his clothes on his arm – all of his clothes.
Cruel – it sounds. I s'pose they did the best
They knew. And just when he was at the height,
Father and mother married, and mother came,
A bride, to help take care of such a creature,
And accommodate her young life to his.
That was what marrying father meant to her.
She had to lie and hear love things made dreadful
By his shouts in the night. He'd shout and shout
Until the strength was shouted out of him,
And his voice died down slowly from exhaustion.
He'd pull his bars apart like bow and bowstring,
And let them go and make them twang, until
His hands had worn them smooth as any oxbow.
And then he'd crow as if he thought that child's play –
The only fun he had. I've heard them say, though,
They found a way to put a stop to it.
He was before my time – I never saw him;
But the pen stayed exactly as it was,
There in the upper chamber in the ell,
A sort of catchall full of attic clutter.
I often think of the smooth hickory bars.
It got so I would say – you know, half fooling –
"It's time I took my turn upstairs in jail" –
Just as you will till it becomes a habit.
No wonder I was glad to get away.
Mind you, I waited till Len said the word.
I didn't want the blame if things went wrong.
I was glad though, no end, when we moved out,
And I looked to be happy, and I was,
As I said, for a while – but I don't know!

Natürlich gab's beim Füttern kein Geschirr.
Er sollte Kleidung tragen, doch er trug sie
stolzierend in den Händen – alle Kleider.
Das klingt so grausam. Sicher taten sie's
nach bestem Wissen. Gerade als der Vater
zur Frau die Mutter nahm, war es am schlimmsten.
Sie half – als Braut – für das Geschöpf zu sorgen,
und passte jung ihr Leben seinem an.
Das also hieß es, Vaters Frau zu sein.
Zu hören, wie Liebesdinge scheußlich wurden
durch seine Schreie nachts. Er schrie und schrie,
bis alle Kraft aus ihm geschrieen war
und seine Stimme vor Erschöpfung starb.
Die Stäbe spannte er wie Bogen und Sehne
und ließ sie aneinander schnalzen, bis sie
von seinen Händen glatt wie Ochsenjoche waren.
Dann krähte er, als wär's ein Kinderspiel –
sein einziges Vergnügen. Doch ich hab
gehört, sie wussten's bald zu unterbinden.
Das war vor meiner Zeit – ich sah ihn nie.
Doch der Verschlag blieb immer, wie er war,
dort oben in dem Anbau in der Kammer,
als ein Behältnis für den alten Ramsch.
Oft denk ich an die glatten Hickorystäbe.
Und manchmal sagte ich – so halb im Spaß –
«Es ist so weit, jetzt muss ich ins Gefängnis.»
Man sagt das so, bis es Gewohnheit wird.
Kein Wunder, dass ich froh war wegzugehn.
Gewiss, wann's losging, überließ ich Len,
ich wollt nicht schuld sein, falls es doch nicht klappte.
Ich war jedoch unendlich froh beim Auszug,
und wollte glücklich sein, und war es auch,
wie schon gesagt, für eine Zeit. Ich weiß nicht.

Somehow the change wore out like a prescription.
And there's more to it than just window views
And living by a lake. I'm past such help –
Unless Len took the notion, which he won't,
And I won't ask him – it's not sure enough.
I s'pose I've got to go the road I'm going:
Other folks have to, and why shouldn't I?
I almost think if I could do like you,
Drop everything and live out on the ground –
But it might be, come night, I shouldn't like it,
Or a long rain. I should soon get enough,
And be glad of a good roof overhead.
I've lain awake thinking of you, I'll warrant,
More than you have yourself, some of these nights.
The wonder was the tents weren't snatched away
From over you as you lay in your beds.
I haven't courage for a risk like that.
Bless you, of course you're keeping me from work,
But the thing of it is, I need to *be* kept.
There's work enough to do – there's always that;
But behind's behind. The worst that you can do
Is set me back a little more behind.
I shan't catch up in this world, anyway.
I'd *rather* you'd not go unless you must.

After Apple-Picking

My long two-pointed ladder's sticking through a tree
Toward heaven still,
And there's a barrel that I didn't fill
Beside it, and there may be two or three
Apples I didn't pick upon some bough.

Das Neue ging wie Medizin zur Neige.
Und es ist mehr als nur die schöne Aussicht,
ein Haus am See. Mir hilft das nun nicht mehr,
bis Len vielleicht begreift. Das wird er nicht,
und ich, ich frag ihn nicht. Zu ungewiss.
Ich glaub, ich habe meinen Weg zu gehn.
Genau wie andere. Warum auch nicht?
Ach, könnt ich alles stehn und liegen lassen,
wie ihr, und draußen auf dem Boden leben –
doch wär's wohl, wenn die Nacht kommt, nichts für mich,
bei Regen gar. Ich hätte bald genug
und wäre dankbar für ein gutes Dach.
Ich lag schon wach und hab an euch gedacht,
mein Wort drauf, mehr als ihr in diesen Nächten.
Ein Wunder, dass die Zelte über euch
nicht fortgerissen wurden, als ihr schlieft.
Ich habe nicht den Mut für solches Wagnis.
Wie nett von euch, mich von der Arbeit abzuhalten –
ich *muss* ja davon abgehalten werden.
Klar gibt's genug zu tun; doch Rückstand ist
halt Rückstand, und im schlimmsten Fall macht ihr
nur meinen Rückstand noch ein wenig größer.
Aufholen kann ich nicht in dieser Welt.
Mir wär es lieb, ihr bleibt so lang ihr könnt.

Nach dem Apfelpflücken

Die lange Leiter ragt noch durch den Baum
zum Himmel auf,
ein Fass, das ich nicht füllte, steht
bei ihrem Fuß, und zwei, drei Äpfel hängen noch,
die ich vom Ast nicht nahm.

But I am done with apple-picking now.
Essence of winter sleep is on the night,
The scent of apples: I am drowsing off.
I cannot rub the strangeness from my sight
I got from looking through a pane of glass
I skimmed this morning from the drinking trough
And held against the world of hoary grass.
It melted, and I let it fall and break.
But I was well
Upon my way to sleep before it fell,
And I could tell
What form my dreaming was about to take.
Magnified apples appear and disappear,
Stem end and blossom end,
And every fleck of russet showing clear.
My instep arch not only keeps the ache,
It keeps the pressure of a ladder-round.
I feel the ladder sway as the boughs bend.
And I keep hearing from the cellar bin
The rumbling sound
Of load on load of apples coming in.
For I have had too much
Of apple-picking: I am overtired
Of the great harvest I myself desired.
There were ten thousand thousand fruit to touch,
Cherish in hand, lift down, and not let fall.
For all
That struck the earth,
No matter if not bruised or spiked with stubble,
Went surely to the cider-apple heap
As of no worth.
One can see what will trouble
This sleep of mine, whatever sleep it is.

Doch Apfelpflücken ist für mich vorbei.
Essenz von Winterruh liegt auf der Nacht,
der Apfelduft: Ich spüre schon den Schlummer.
Ich kann die Fremdheit aus dem Blick nicht reiben,
die mich beim Schauen durch ein Glas ergriff,
das ich am Morgen aus dem Trog geschöpft
und vor die Welt aus Silbergras gehalten.
Es schmolz, ich ließ es fallen und zerbrechen.
Doch ich war schon
so gut wie eingeschlafen, eh es fiel,
und sah bereits
die Form, in die mein Träumen floss.
Äpfel, übergroß, erscheinen und verschwinden,
an denen Stiel und Blüte
und jeder Sprenkel Rotbraun klar zu sehen ist.
Mein Spann bewahrt nicht nur den Schmerz,
er spürt den Druck des runden Leitertritts.
Ich fühl die Leiter schwanken mit dem Ast.
Und vom Verschlag im Keller hör ich noch
das Rumpeln
von Fuhre über Fuhre eingebrachter Äpfel.
Ich hab genug
vom Apfelpflücken: Ich bin ermattet
von dieser großen Ernte, die ich selbst ersehnt.
Zehntausend Tausend Früchte waren anzufassen,
zu schätzen, abzulegen − nicht zu werfen.
Denn alle die,
die auf den Boden schlugen,
egal ob unversehrt, von Stoppeln nicht durchbohrt,
die mussten auf den Haufen für den Most,
als wären sie nichts wert.
Man wird verstehn, was meinen Schlaf
so stört, was immer dieser Schlaf auch ist.

Were he not gone,
The woodchuck could say whether it's like his
Long sleep, as I describe its coming on,
Or just some human sleep.

Good Hours

I had for my winter evening walk –
No one at all with whom to talk,
But I had the cottages in a row
Up to their shining eyes in snow.

And I thought I had the folk within:
I had the sound of a violin;
I had a glimpse through curtain laces
Of youthful forms and youthful faces.

I had such company outward bound.
I went till there were no cottages found.
I turned and repented, but coming back
I saw no window but that was black.

Over the snow my creaking feet
Disturbed the slumbering village street
Like profanation, by your leave,
At ten o'clock of a winter eve.

Wär es nicht fort,
dann könnt das Murmeltier mir sagen, ob mein Schlaf
wie seiner ist, wenn er sich mir so nähert,
oder nur ein Menschenschlaf.

Gute Stunden

Bei meinem Winterabendgang
war niemand da, der mit mir sprach,
doch war die Häuserzeile mein,
im Schnee bis zu den Lichteraugen.

Ich fand: die Leute drin sind mein,
mein ist der Violinenklang;
mein ist ein Blick durch Vorhangtüll
auf junge Schemen und Gesichter.

So ging ich in Gesellschaft raus.
Bis da, wo's keine Häuser gab.
Ich kehrte reuig um, doch sah
ich an dem Weg nur schwarze Fenster.

Das Knirschen meines Tritts im Schnee
verstörte dieser Straße Schlummer,
entweiht ihn fast, wenn ihr erlaubt,
um zehn an einem Winterabend.

The Road Not Taken

Two roads diverged in a yellow wood,
And sorry I could not travel both
And be one traveler, long I stood
And looked down one as far as I could
To where it bent in the undergrowth;

Then took the other, as just as fair,
And having perhaps the better claim,
Because it was grassy and wanted wear;
Though as for that the passing there
Had worn them really about the same,

And both that morning equally lay
In leaves no step had trodden black.
Oh, I kept the first for another day!
Yet knowing how way leads on to way,
I doubted if I should ever come back.

I shall be telling this with a sigh
Somewhere ages and ages hence:
Two roads diverged in a wood, and I –
I took the one less traveled by,
And that has made all the difference.

Der nicht genommene Weg

Zwei Wege trennten sich im gelben Wald,
und weil ich leider nicht auf beiden gehn
und Einer bleiben konnte, stand ich lang
und sah, so weit es ging, dem einen nach
bis dort, wo in der Dickung er verschwand.

Ich nahm den andern dann, auch der war schön
und hatte wohl noch eher Anspruch drauf:
Er war voll Gras und wollt begangen sein.
Was das betraf, so schien's, dass beide schon
vom Wandern ähnlich ausgetreten waren,

und beide lagen an dem Morgen gleich
in Laub, das noch nicht schwarz von Tritten war.
Ich ließ den ersten für ein andermal!
Wiewohl: Ein Weg führt in den nächsten Weg;
ich hatte Zweifel, je zurückzukehren.

Mit Seufzen sprech ich sicher einst davon
nach langer, langer Zeit und irgendwo:
Zwei Wege trennten sich im Wald, und ich –
ich nahm den Weg, der kaum begangen war,
das hat den ganzen Unterschied gemacht.

The Road Not Taken

Two roads diverged in a yellow wood,
And sorry I could not travel both
And be one traveler, long I stood
And looked down one as far as I could
To where it bent in the undergrowth;

Then took the other, as just as fair,
And having perhaps the better claim,
Because it was grassy and wanted wear;
Though as for that the passing there
Had worn them really about the same,

And both that morning equally lay
In leaves no step had trodden black.
Oh, I kept the first for another day!
Yet knowing how way leads on to way,
I doubted if I should ever come back.

I shall be telling this with a sigh
Somewhere ages and ages hence:
Two roads diverged in a wood, and I –
I took the one less traveled by,
And that has made all the difference.

An Old Man's Winter Night

All out-of-doors looked darkly in at him
Through the thin frost, almost in separate stars,
That gathers on the pane in empty rooms.
What kept his eyes from giving back the gaze
Was the lamp tilted near them in his hand.

Der Weg, den ich nicht nahm

Ein Weg ward zwei im gelben Wald.
Betrübt, dass ich nicht beide gehn
und Einer sein kann, macht' ich Halt
und sah dem einen nach, der bald
im Dickicht war nicht mehr zu sehn.

Ich nahm darauf den andern dann.
Sein gutes Recht gewährt' ich ihm:
Das Gras stand dort schon wieder lang,
obgleich er durch der Leute Gang
genauso ausgetreten schien.

Auf beiden an dem Morgen lag
das Laub von Tritten nicht zerdrückt.
Dem ersten blieb ein nächster Tag!
Weil eins zum andern führen mag,
ahnt' ich, ich käm wohl nicht zurück.

Ich sag mit Seufzen sicherlich,
wenn viele Jahre ich verbracht:
Ein Weg ward zwei im Wald, und ich –
ich nahm den einsamen für mich,
das hat den Unterschied gemacht.

Eines alten Mannes Winternacht

Mit dunklem Blick besah das Draußen ihn
durch dünnen Frost, der wie in Sternen stand
auf Fensterscheiben in den leeren Räumen.
Er konnte dieses Starren nicht erwidern,
weil er die Lampe schräg vor Augen hielt.

What kept him from remembering what it was
That brought him to that creaking room was age.
He stood with barrels round him – at a loss.
And having scared the cellar under him
In clomping there, he scared it once again
In clomping off – and scared the outer night,
Which has its sounds, familiar, like the roar
Of trees and crack of branches, common things,
But nothing so like beating on a box.
A light he was to no one but himself
Where now he sat, concerned with he knew what,
A quiet light, and then not even that.
He consigned to the moon – such as she was,
So late-arising – to the broken moon,
As better than the sun in any case
For such a charge, his snow upon the roof,
His icicles along the wall to keep;
And slept. The log that shifted with a jolt
Once in the stove, disturbed him and he shifted,
And eased his heavy breathing, but still slept.
One aged man – one man – can't keep a house,
A farm, a countryside, or if he can,
It's thus he does it of a winter night.

The Exposed Nest

You were forever finding some new play.
So when I saw you down on hands and knees
In the meadow, busy with the new-cut hay,
Trying, I thought, to set it up on end,
I went to show you how to make it stay,

Was ihn vergessen ließ, warum er knarzend
den Raum betrat – es war das Alter.
Nun stand er zwischen Fässern ganz verloren.
Erst hatte seinen Keller er erschreckt
durchs Runtertrampeln, nun erschreckt' er ihn
beim Trampeln rauf – und schreckte hoch die Nacht
mit ihren trauten Tönen: Baumgetöse,
das Astgeknack, gewohnte Dinge, doch
so gar nicht wie Geklopf auf eine Kiste.
Ein Licht war er nur für sich selbst allein,
wo er jetzt saß in eigenen Gedanken,
ein ruhiges Licht – und doch nicht einmal das.
Er übertrug dem Mond – so spät der auch erschien –
dem Stückchen Mond, das ohnehin viel besser
für diese Art von Dienst war als die Sonne,
die Obhut übern Schnee auf seinem Dach
und übers Eis, das von der Mauer hing,
und schlief. Im Ofen ruckte kurz ein Scheit,
das störte ihn; er wälzte sich herum
und atmete dann leichter und schlief weiter.
Ein alter Mann allein kann sich nicht kümmern
um Haus und Hof und Feld – und wenn,
dann nur wie hier, in solcher Winternacht.

Das schutzlose Nest

Du fandest immer wieder neue Spiele.
Als ich dich heut auf allen Vieren sah,
beschäftigt auf der Wiese mit dem Heu
bei dem Versuch, dacht ich, es aufzustellen,
ging ich zu dir, zu zeigen, wie es hält,

If that was your idea, against the breeze,
And, if you asked me, even help pretend
To make it root again and grow afresh.
But 'twas no make-believe with you today,
Nor was the grass itself your real concern,
Though I found your hand full of wilted fern,
Steel-bright June-grass, and blackening heads of clover.
'Twas a nest full of young birds on the ground
The cutter bar had just gone champing over
(Miraculously without tasting flesh)
And left defenseless to the heat and light.
You wanted to restore them to their right
Of something interposed between their sight
And too much world at once – could means be found.
The way the nest-full every time we stirred
Stood up to us as to a mother-bird
Whose coming home has been too long deferred,
Made me ask would the mother-bird return
And care for them in such a change of scene,
And might our meddling make her more afraid.
That was a thing we could not wait to learn.
We saw the risk we took in doing good,
But dared not spare to do the best we could
Though harm should come of it; so built the screen
You had begun, and gave them back their shade.
All this to prove we cared. Why is there then
No more to tell? We turned to other things.
I haven't any memory – have you? –
Of ever coming to the place again
To see if the birds lived the first night through,
And so at last to learn to use their wings.

falls dies dein Plan war, frischem Wind zum Trotz,
und, wenn du fragst, auch vorzutäuschen, dass
es wieder wurzelt und von neuem wächst.
Doch heute galt es nicht zu tun als ob,
auch war dein Ziel nicht eigentlich das Gras,
obwohl ich deine Hand voll Farnkraut fand,
und Rispengras, stahlhell, und dunklem Klee.
Da war ein Nest mit Vögelchen am Grund.
Der Schneidebalken hatte drüberweg gekaut
(wie durch ein Wunder ohne Fleisch zu schmecken),
und nun lag's ohne Schutz im heißen Licht.
Du wolltest ihnen das nur wiedergeben,
was zwischen ihrem Blick und zu viel Welt
dort stehen sollte – falls es möglich war.
Wie dieses Nestvoll, wenn wir uns bewegten,
sich zu uns reckte wie zum Muttervogel,
der schon zu lange ausgeblieben war,
gab mir zu denken, ob die Mutter käme,
um sie in dieser Szenerie zu hüten,
und ob sie nicht durch uns noch mehr Angst hatte.
Die Antwort suchten wir voll Ungeduld.
Wir sahen die Gefahr der guten Tat
und mühten uns, das Beste nur zu geben,
auch wenn es Schaden bringt; so bauten wir
den Sonnenschutz, den du begonnen hattest.
Um unsere Sorge zu beweisen. Warum
ist mehr nicht zu erzählen? Wir gingen fort.
Ich kann mich nicht erinnern – du vielleicht? –,
dort noch mal nachgeschaut zu haben, ob sie
wohl ihre erste Nacht gut überstanden
und ihre Flügel noch gebrauchen lernten.

The Oven Bird

There is a singer everyone has heard,
Loud, a mid-summer and a mid-wood bird,
Who makes the solid tree trunks sound again.
He says that leaves are old and that for flowers
Mid-summer is to spring as one to ten.
He says the early petal-fall is past
When pear and cherry bloom went down in showers
On sunny days a moment overcast;
And comes that other fall we name the fall.
He says the highway dust is over all.
The bird would cease and be as other birds
But that he knows in singing not to sing.
The question that he frames in all but words
Is what to make of a diminished thing.

A Patch of Old Snow

There's a patch of old snow in a corner,
    That I should have guessed
Was a blow-away paper the rain
    Had brought to rest.

It is speckled with grime as if
    Small print overspread it,
The news of a day I've forgotten –
    If I ever read it.

Der Ofenvogel

Ein Sänger ist, den jeder schon laut hörte
im Herzen eines Sommers, eines Waldes,
der starke Stämme wieder lässt erklingen.
Er sagt, die Blätter seien alt, für Blumen
verhalte Sommer sich zu Lenz wie eins zu zehn.
Er sagt, der Fall der Blüten sei vorüber,
wenn Birn- und Kirschenblust herunterschauert
bei plötzlichem Gewölk an Sonnentagen;
dann kommt das andre Fallen namens Herbst.
Er sagt, auf allem liege Straßenstaub.
Der Vogel würde stumm und andern gleich,
doch weiß er, wie beim Singen man nicht singt.
Und eine Frage fügt er fast in Worte:
Was fängt man mit Vergangenem an?

Ein Flecken alter Schnee

Dort in der Ecke liegt ein Flecken alter Schnee,
    der war, so hätt ich denken können,
ein fortgewehter Zettel, den der Regen
    zur Ruh gebettet hat.

Er ist mit Ruß gesprenkelt,
    als wäre er ganz klein bedruckt,
die Nachricht eines Tages, schon vergessen,
    falls ich sie je gelesen habe.

The Telephone

"When I was just as far as I could walk
From here today,
There was an hour
All still
When leaning with my head against a flower
I heard you talk.
Don't say I didn't, for I heard you say –
You spoke from that flower on the windowsill –
Do you remember what it was you said?"

"First tell me what it was you thought you heard."

"Having found the flower and driven a bee away,
I leaned my head,
And holding by the stalk,
I listened and I thought I caught the word –
What was it? Did you call me by my name?
Or did you say –
Someone said 'Come' – I heard it as I bowed."

"I may have thought as much, but not aloud."

"Well, so I came."

Hyla Brook

By June our brook's run out of song and speed.
Sought for much after that, it will be found
Either to have gone groping underground
(And taken with it all the Hyla breed
That shouted in the mist a month ago,

Das Telefon

«Als ich so weit wie möglich heut von hier
gelaufen war,
kam eine Stunde
völlig still,
wo ich den Kopf an eine Blume neigte und
dich sprechen hörte.
Sag nicht, das stimmt nicht, denn ich hörte dich –
du sprachest durch die Blume dort am Fenster –
erinnerst du dich, was du sagtest?»

«Sag mir zuerst, was du zu hören glaubtest.»

«Als die Blume gefunden, die Biene vertrieben war,
da neigte ich den Kopf,
ergriff den Stiel
und lauschte, und da hörte ich ein Wort –
was war es? Riefst du mich beim Namen?
Oder sagtest du –
jemand sagte ‹Komm› – ich hab's gehört, als ich mich bückte.»

«Ich hab's vielleicht gedacht, jedoch nicht laut.»

«Nun, ich bin da.»

Froschbach

Im Juni hat der Bach Gesang und Hast verbraucht.
Sucht man ihn später auf, entdeckt man ihn
entweder tastend in den Grund verschwunden
(und mit ihm ging das ganze Froschkonzert,
das letzten Monat noch im Nebel tönte,

Like ghost of sleigh bells in a ghost of snow) –
Or flourished and come up in jewelweed,
Weak foliage that is blown upon and bent,
Even against the way its waters went.
Its bed is left a faded paper sheet
Of dead leaves stuck together by the heat –
A brook to none but who remember long.
This as it will be seen is other far
Than with brooks taken otherwhere in song.
We love the things we love for what they are.

Birches

When I see birches bend to left and right
Across the lines of straighter darker trees,
I like to think some boy's been swinging them.
But swinging doesn't bend them down to stay
As ice storms do. Often you must have seen them
Loaded with ice a sunny winter morning
After a rain. They click upon themselves
As the breeze rises, and turn many-colored
As the stir cracks and crazes their enamel.
Soon the sun's warmth makes them shed crystal shells
Shattering and avalanching on the snow crust –
Such heaps of broken glass to sweep away
You'd think the inner dome of heaven had fallen.
They are dragged to the withered bracken by the load,
And they seem not to break; though once they are bowed
So low for long, they never right themselves:
You may see their trunks arching in the woods
Years afterwards, trailing their leaves on the ground

ein Schlittenglöckchen-Spuk in einem Spuk von Schnee) –
oder herangewachsen als Rührmichnichtan
in zarten Blättern, so vom Wind gekrümmt,
dass sie dem Wasser gar entgegen liegen.
Das Bachbett blieb als blasses Blatt Papier
aus totem Laub zurück, von Hitze fest verbacken –
ein Bach nur noch für die, die sich erinnern.
Ein so gesehener Bach ist was ganz anderes
als Bäche, die man anderswo besingt.
Wir lieben, was wir lieben, für sein wahres Wesen.

Birken

Ich seh oft Birken, krumm nach links und rechts
quer zu den Linien grader, dunkler Bäume,
dann denk ich gern, ein Bub hat sie geschaukelt.
Doch Schaukeln biegt sie nicht bis an den Boden.
Ein Eissturm schafft's. Du hast sie wohl gesehen,
mit Eis bepackt an sonnigen Wintermorgen
nach einem Regen. Sie knacken aneinander
bei frischem Wind und werden viele Farben,
wenn die Glasur durch die Bewegung bricht.
Die Sonne wärmt, sie werfen ihr Kristall
wie in Kaskaden auf den Schnee hinab –
ein großer Haufen Scherben, dass man meint,
des Himmels Innenkuppel sei gestürzt.
Die Last zieht sie herab auf alten Farn,
sie brechen nicht; doch wenn so lang gebückt,
dann richten sie sich nie mehr auf:
Du siehst noch jahrelang im Wald die Stämme
gebogen, mit den Blättern auf dem Boden

Like girls on hands and knees that throw their hair
Before them over their heads to dry in the sun.
But I was going to say when Truth broke in
With all her matter of fact about the ice storm,
I should prefer to have some boy bend them
As he went out and in to fetch the cows –
Some boy too far from town to learn baseball,
Whose only play was what he found himself,
Summer or winter, and could play alone.
One by one he subdued his father's trees
By riding them down over and over again
Until he took the stiffness out of them,
And not one but hung limp, not one was left
For him to conquer. He learned all there was
To learn about not launching out too soon
And so not carrying the tree away
Clear to the ground. He always kept his poise
To the top branches, climbing carefully
With the same pains you use to fill a cup
Up to the brim, and even above the brim.
Then he flung outward, feet first, with a swish,
Kicking his way down through the air to the ground.
So was I once myself a swinger of birches.
And so I dream of going back to be.
It's when I'm weary of considerations,
And life is too much like a pathless wood
Where your face burns and tickles with the cobwebs
Broken across it, and one eye is weeping
From a twig's having lashed across it open.
I'd like to get away from earth awhile
And then come back to it and begin over.
May no fate willfully misunderstand me
And half grant what I wish and snatch me away

wie Mädchen, die auf Händen und auf Knien
ihr Haar zum Sonnentrocknen vor sich werfen.
Doch wollt ich sagen, als die Wahrheit sich
zum Thema Eissturm nüchtern eingemischt hat:
Mir wär es lieber, dass ein Bub sie bog,
als er die Kühe draußen holen ging.
Ein Bub, weit weg vom Baseball in der Stadt,
der nur zum Spielen hatte, was er fand,
das ganze Jahr beim Spiel sich selbst genug.
Des Vaters Bäume unterwarf er alle,
zwang rittlings einen nach dem andern nieder,
bis ihre Starrheit ausgetrieben war;
und alle hingen schlaff, nicht einer blieb
noch zu erobern. Alles lernte er,
was es zu lernen gab: Sich nicht zu bald
hinauszuwerfen, da der Baum dann nicht
zum Boden reichte. Stets hielt er Balance,
wenn er bis zu den höchsten Ästen stieg,
behutsam, wie man eine Tasse füllt,
bis an den Rand und dann sogar noch drüber.
Dann schwang er sich zur Seite, Füße vor,
und strampelt' durch die Luft zum Boden runter.
Auch ich war einmal so ein Birkenschaukler.
Ich träum davon, die Zeit zurückzudrehn,
meist wenn ich müde bin vom Grübeln und
das Leben wie ein wegeloser Wald ist,
wo das Gesicht von Spinnennetzen juckt,
die es zerriss, und wo ein Auge tränt
von einem Zweig, der ungeschützt es traf.
Ich wollt der Erde gern einmal entrinnen
und dann zu neuem Anfang wiederkehren.
Das Schicksal möge mich nicht missverstehn,
nur halb erhören und für immer schnappen.

Not to return. Earth's the right place for love:
I don't know where it's likely to go better.
I'd like to go by climbing a birch tree,
And climb black branches up a snow-white trunk
Toward heaven, till the tree could bear no more,
But dipped its top and set me down again.
That would be good both going and coming back.
One could do worse than be a swinger of birches.

"Out, Out –"

The buzz saw snarled and rattled in the yard
And made dust and dropped stove-length sticks of wood,
Sweet-scented stuff when the breeze drew across it.
And from there those that lifted eyes could count
Five mountain ranges one behind the other
Under the sunset far into Vermont.
And the saw snarled and rattled, snarled and rattled,
As it ran light, or had to bear a load.
And nothing happened: day was all but done.
Call it a day, I wish they might have said
To please the boy by giving him the half hour
That a boy counts so much when saved from work.
His sister stood beside them in her apron
To tell them "Supper." At the word, the saw,
As if to prove saws knew what supper meant,
Leaped out at the boy's hand, or seemed to leap –
He must have given the hand. However it was,
Neither refused the meeting. But the hand!
The boy's first outcry was a rueful laugh,
As he swung toward them holding up the hand,

Die Erde ist der Liebe wahrer Ort:
Ich wüsste nicht, wo man es besser fände.
Ich ginge gern von hier, nach oben kletternd
auf schwarzen Ästen am schneeweißen Stamm
gen Himmel, bis der Baum mich nicht mehr trägt,
den Wipfel neigt und mich zu Boden setzt.
Wie gut: Zu gehen und zurückzukehren.
Man könnte Schlimmeres sein als Birkenschaukler.

«Heraus, heraus …»

Die Säge knurrte, rasselte im Hof,
blies Staub, warf ofenlange Scheite hin,
voll süßen Dufts, wenn Wind darüber strich.
Von dort sahn die, die ihre Augen hoben,
fünf Hügelketten, eine vor der anderen
im Sonnenuntergang tief in Vermont.
Die Säge knurrte, rasselte und knurrte,
wenn's leicht ging oder sie sich plagen musste.
Und nichts geschah: Der Tag war fast geschafft.
Mach Schluss − so hätten sie doch sagen können:
Den Jungen hätte sie gefreut, die halbe Stunde,
die doppelt zählt, wenn sie die Arbeit kürzt.
Die Schwester in der Schürze trat zu ihnen
und sagte «Abendbrot», worauf die Säge
wie zum Beweis, auch Sägen kennen Abendbrot,
sich auf die Hand des Jungen stürzte. Stürzte?
Er gab die Hand wohl hin. Wie es auch war,
verweigert hat sich keiner der Begegnung.
Aber die Hand! Der erste Schrei des Jungen
war reuevolles Lachen beim Herumdrehn

Half in appeal, but half as if to keep
The life from spilling. Then the boy saw all –
Since he was old enough to know, big boy
Doing a man's work, though a child at heart –
He saw all spoiled. "Don't let him cut my hand off –
The doctor, when he comes. Don't let him, sister!"
So. But the hand was gone already.
The doctor put him in the dark of ether.
He lay and puffed his lips out with his breath.
And then – the watcher at his pulse took fright.
No one believed. They listened at his heart.
Little – less – nothing! – and that ended it.
No more to build on there. And they, since they
Were not the one dead, turned to their affairs.

Putting in the Seed

You come to fetch me from my work tonight
When supper's on the table, and we'll see
If I can leave off burying the white
Soft petals fallen from the apple tree
(Soft petals, yes, but not so barren quite,
Mingled with these, smooth bean and wrinkled pea),
And go along with you ere you lose sight
Of what you came for and become like me,
Slave to a springtime passion for the earth.
How Love burns through the Putting in the Seed
On through the watching for that early birth
When, just as the soil tarnishes with weed,
The sturdy seedling with arched body comes
Shouldering its way and shedding the earth crumbs.

mit hochgereckter Hand, halb wie zum Einspruch,
doch halb, als könnt sich so das Leben nicht ergießen.
Dann sah der Junge alles – groß genug
für Männerarbeit, doch im Herzen Kind:
Alles war hin. «Verbiete ihm, sie abzuschneiden,
dem Doktor, wenn er kommt. Verbiet es, Schwester!»
Gut. Doch die Hand war da schon ab.
Der Doktor legte ihn ins Ätherdunkel.
Da lag er, blies die Lippen mit dem Atem vor.
Und dann war der am Puls von Angst erfüllt.
Sie glaubten's nicht. Sie horchten an der Brust.
Schwach – schwächer – nichts! Und nun war es vorbei.
Es gab nichts mehr zu tun. Und weil sie nicht
der Tote waren, wandten sie sich anderm zu.

Die Saat ausbringen

Du holst mich abends von der Arbeit, wenn
das Essen angerichtet ist; dann schauen wir,
ob ich schon aufhören kann mit dem Begraben
der weißen weichen Apfelblütenblätter
(ganz weich, doch noch nicht völlig leblos, zwischen
den runzeligen Erbsen und den glatten Bohnen)
und mit dir geh, bevor du aus dem Blick
verlierst, weshalb du kamst, und wirst wie ich:
versklavt von Frühlingsliebe für die Erde.
Wie sehr sie brennt: zuerst beim Saat-Ausbringen
und dann beim Warten auf das erste Keimen,
wenn sich, kaum dass den Boden Unkraut fleckt,
der starke Sämling mit gewölbtem Leib
den Weg erkämpft, befreit von Erdekrümeln.

A Time to Talk

When a friend calls to me from the road
And slows his horse to a meaning walk,
I don't stand still and look around
On all the hills I haven't hoed,
And shout from where I am, "What is it?"
No, not as there is a time to talk.
I thrust my hoe in the mellow ground,
Blade-end up and five feet tall,
And plod: I go up to the stone wall
For a friendly visit.

The Gum-Gatherer

There overtook me and drew me in
To his downhill, early-morning stride,
And set me five miles on my road
Better than if he had had me ride,
A man with a swinging bag for load
And half the bag wound round his hand.
We talked like barking above the din
Of water we walked along beside.
And for my telling him where I'd been
And where I lived in mountain land
To be coming home the way I was,
He told me a little about himself.
He came from higher up in the pass
Where the grist of the new-beginning brooks
Is blocks split off the mountain mass –
And hopeless grist enough it looks
Ever to grind to soil for grass.

Zeit zum Reden

Wenn mich ein Freund ruft von der Straße her
und seinen Gaul vielsagend halten lässt,
dann stell ich mich nicht hin und schau
auf all die nicht gehackten Hügel
und ruf von wo ich bin: Was gibt's?
Nein, nicht wenn Zeit zum Reden ist.
Ich stoß die Hacke in den weichen Grund,
das Blatt nach oben, fünf Fuß lang,
und trotte los: Ich geh zum Steinwall
auf freundlichen Besuch.

Der Harzsammler

Mit Abwärts-früh-am-Morgen-Schritt
kam er heran und zog mich mit,
dass ich zu Fuß fünf Meilen ging,
als säße ich auf einem Pferd,
ein Mann mit einem Tragesack,
geschlungen halb um seine Hand.
Wir bellten ein Gespräch am Fluss,
der mit Getöse uns flankiert.
Da ich gesagt, von wo ich käme
und wo im Oberland ich lebte
und dass ich auf dem Heimweg sei,
erzählte er auch von sich selbst.
Er kam von oben auf dem Pass,
wo Mahlgut für die jungen Bäche
vom Berg gespaltene Brocken sind –
das keine Hoffnung hat, zermalmt
dem Gras als Boden je zu dienen.

(The way it is will do for moss.)
There he had built his stolen shack.
It had to be a stolen shack
Because of the fears of fire and loss
That trouble the sleep of lumber folk:
Visions of half the world burned black
And the sun shrunken yellow in smoke.
We know who when they come to town
Bring berries under the wagon seat,
Or a basket of eggs between their feet;
What this man brought in a cotton sack
Was gum, the gum of the mountain spruce.
He showed me lumps of the scented stuff
Like uncut jewels, dull and rough.
It comes to market golden brown;
But turns to pink between the teeth.

I told him this is a pleasant life,
To set your breast to the bark of trees
That all your days are dim beneath,
And reaching up with a little knife,
To loose the resin and take it down
And bring it to market when you please.

The Sound of Trees

I wonder about the trees.
Why do we wish to bear
Forever the noise of these
More than another noise
So close to our dwelling place?
We suffer them by the day
Till we lose all measure of pace,

(So wie es ist, taugt's nur für Moos.)
Dort stand verstohlen seine Hütte.
Verstohlen musste die Hütte sein,
weil Angst vor einer Feuersbrunst
den Schlaf der Waldarbeiter stört:
Gesichte von verkohlter Welt
und gelb im Rauch verzehrter Sonne.
Wir wissen, wer die Stadt besucht
mit Beeren unterm Wagensitz
und einem Eierkorb zu Füßen.
Doch was trug dieser Mann heran?
Das Gummiharz des Fichtenbaums.
Er zeigte mir die Klumpen voller Duft,
wie rohe Edelsteine, trüb und rauh.
Zum Markt geht es in Gelb und Braun,
doch rosa wird es, wenn man's kaut.

Da rühmte ich sein schönes Leben:
Du schmiegst die Brust eng an den Baum,
lässt deinen Alltag tief im Dunkel,
und greifst hinauf mit kleiner Klinge
und löst das Harz und fängst es auf –
und wann du magst, trägst du's zum Markt.

Das Geräusch der Bäume

Ich staune über die Bäume.
Warum ertragen wir so gern
ihr Rauschen immerfort
vor allem andern Lärm
so nah bei unserm Heim?
Wir dulden sie am Tag,
bis unser Schritt das Maß verliert

And fixity in our joys,
And acquire a listening air.
They are that that talks of going
But never gets away;
And that talks no less for knowing,
As it grows wiser and older,
That now it means to stay.
My feet tug at the floor
And my head sways to my shoulder
Sometimes when I watch trees sway,
From the window or the door.
I shall set forth for somewhere,
I shall make the reckless choice
Some day when they are in voice
And tossing so as to scare
The white clouds over them on.
I shall have less to say,
But I shall be gone.

The Cow in Apple Time

Something inspires the only cow of late
To make no more of a wall than an open gate,
And think no more of wall-builders than fools.
Her face is flecked with pomace and she drools
A cider syrup. Having tasted fruit,
She scorns a pasture withering to the root.
She runs from tree to tree where lie and sweeten
The windfalls spiked with stubble and worm-eaten.
She leaves them bitten when she has to fly.
She bellows on a knoll against the sky.
Her udder shrivels and the milk goes dry.

und unser Glück Beständigkeit
und wir zu Horchern werden.
Sie reden zwar vom Fortgehn,
doch gehn sie niemals fort;
sie hören nicht auf zu reden,
selbst alt und weise nicht,
obwohl sie wissen, dass sie bleiben.
Am Boden zerren meine Füße,
mein Kopf wiegt sich zur Schulter,
wenn ich das Wiegen der Bäume seh
aus Fenster oder Tür.
Ich will nach irgendwo,
ich will mich kühn entscheiden,
wenn sie mal gut bei Stimme sind
und so sich schütteln, dass
den Wolken angst und bange wird.
Ich hab dann weniger zu sagen,
doch ich bin fort.

Die Kuh zur Apfelzeit

Was bringt die Kuh in letzter Zeit dazu,
in Mauern nur ein offenes Tor zu sehen
und im Erbauer nichts als einen Narren?
Vom Apfelbrei ist ihr Gesicht gesprenkelt,
sie sabbert Zidersirup. Apfelsüchtig
verschmäht sie ihre bis zum Wasen trockne Weide.
Sie rennt von Baum zu Baum, wo Fallobst süß wird,
gespickt mit Stoppeln, wurmig durch und durch.
Sie lässt es angebissen liegen, wenn sie flüchtet.
Sie brüllt auf einer Kuppe hoch zum Himmel.
Ihr Euter schrumpelt und die Milch versiegt.

The Line-Gang

Here come the line-gang pioneering by.
They throw a forest down less cut than broken.
They plant dead trees for living, and the dead
They string together with a living thread.
They string an instrument against the sky
Wherein words whether beaten out or spoken
Will run as hushed as when they were a thought.
But in no hush they string it: they go past
With shouts afar to pull the cable taut,
To hold it hard until they make it fast,
To ease away – they have it. With a laugh,
An oath of towns that set the wild at naught,
They bring the telephone and telegraph.

Der Kabeltrupp

Da kommt der Kabeltrupp und bricht sich Bahn.
Der Wald scheint ungefällt vor ihm zu stürzen.
Sie pflanzen dafür schon gestorbne Bäume,
verknüpfen sie mit einem Lebensfaden.
Ein Instrument besaiten sie vorm Himmel,
worin, gehämmert und gesprochen, Wörter
wie die Gedanken schweigend laufen werden.
Doch noch schweigt nichts. Die Männer ziehn vorbei
mit Rufen in die Ferne, das Kabel straff
und fest zu halten, bis sie es verzurrt,
zu lockern – da, sie haben's. Mit Gelächter,
dem Stadtfluch, der die Wildnis macht zu Nichts,
wird Telefon und Telegraf gebracht.

Maple

Her teacher's certainty it must be Mabel
Made Maple first take notice of her name.
She asked her father and he told her, "Maple –
Maple is right."

                "But teacher told the school
There's no such name."

                    "Teachers don't know as much
As fathers about children, you tell teacher.
You tell her that it's M-A-P-L-E.
You ask her if she knows a maple tree.
Well, you were named after a maple tree.
Your mother named you. You and she just saw
Each other in passing in the room upstairs,
One coming this way into life, and one
Going the other out of life – you know?
So you can't have much recollection of her.
She had been having a long look at you.
She put her finger in your cheek so hard
It must have made your dimple there, and said,
'Maple.' I said it too: 'Yes, for her name.'
She nodded. So we're sure there's no mistake.
I don't know what she wanted it to mean,
But it seems like some word she left to bid you
Be a good girl – be like a maple tree.
How like a maple tree's for us to guess.
Or for a little girl to guess sometime.
Not now – at least I shouldn't try too hard now.
By and by I will tell you all I know
About the different trees, and something, too,
About your mother that perhaps may help."

Maple

Die Lehrerin war sicher, es heißt Mabel.
Da dachte Maple erstmals drüber nach.
Auf ihre Frage sagte ihr der Vater:
«Maple stimmt.»

            «Die Lehrerin sagt aber vor der Klasse,
den Namen gibt's nicht.»

               «Lehrerinnen wissen nicht so viel
von Kindern, sag ihr das, wie Väter.
Sag ihr, es heißt M-A-P-L-E.
Frag sie, ob sie denn nicht den Ahorn kennt.
Also: vom Ahornbaum hast du den Namen.
Deine Mutter gab ihn dir. Ihr habt
euch flüchtig vom Vorbeigehn nur gekannt:
Die eine kam auf diesem Weg ins Leben,
die andre ging auf jenem daraus fort.
Du kannst dich nicht an sie erinnern.
Sie schaute dich ganz lange an. Sie drückte
dir Ihren Finger kräftig in die Wange,
dass dir dein Grübchen blieb, und sagte dann
‹Maple.› Ich sprach es auch: ‹Das ist ihr Name.›
Sie nickte. Und wir hatten uns verstanden.
Ich weiß nicht, was sie mit ihm sagen wollte.
Vielleicht ist er an dich die letzte Bitte,
ein braves Kind zu sein: Sei wie ein Ahorn.
Wie wie ein Ahorn, können wir nur raten.
Ein kleines Mädchen kann ja weiterraten.
Nicht jetzt – zumindest ich plag mich jetzt nicht.
Kommt Zeit, sag ich dir alles, was ich weiß
von all den Bäumen und noch etwas mehr
von deiner Mutter, was dir helfen mag.»

Dangerous self-arousing words to sow.
Luckily all she wanted of her name then
Was to rebuke her teacher with it next day,
And give the teacher a scare as from her father.
Anything further had been wasted on her,
Or so he tried to think to avoid blame.
She would forget it. She all but forgot it.
What he sowed with her slept so long a sleep,
And came so near death in the dark of years,
That when it woke and came to life again
The flower was different from the parent seed.
It came back vaguely at the glass one day,
As she stood saying her name over aloud,
Striking it gently across her lowered eyes
To make it go well with the way she looked.
What was it about her name? Its strangeness lay
In having too much meaning. Other names,
As Lesley, Carol, Irma, Marjorie,
Signified nothing. Rose could have a meaning,
But hadn't as it went. (She knew a Rose.)
This difference from other names it was
Made people notice it – and notice her.
(They either noticed it, or got it wrong.)
Her problem was to find out what it asked
In dress or manner of the girl who bore it.
If she could form some notion of her mother –
What she had thought was lovely, and what good.
This was her mother's childhood home;
The house one story high in front, three stories
On the end it presented to the road.
(The arrangement made a pleasant sunny cellar.)
Her mother's bedroom was her father's still,
Where she could watch her mother's picture fading.

Gefährlich war die Aussaat dieser Worte.
Doch damals wollte sie mit ihrem Namen
am nächsten Tag der Lehrerin bloß trotzen
und mit dem Vater sie das Fürchten lehren.
Das andre ging an Maple noch vorbei,
so glaubte er, um keine Schuld zu fühlen.
Sie wird's vergessen. Sie vergaß es fast.
Was er gesät, schlief einen langen Schlaf
und kam im Dunkel der Jahre dem Tod so nah,
dass beim Erwachen in das neue Leben
ganz fremd der Elternsaat die Blume war.
Vorm Spiegel kam es eines Tags zurück,
als sie da stand und ihren Namen sprach,
ihn sanft warf über die gesenkten Augen,
damit er gut zu ihrem Aussehen passte.
Was sollte das mit ihrem Namen? Seltsam
war nur zu viel Bedeutung. Andre Namen,
wie Lesley, Carol, Irma, Marjorie,
besagten nichts. Rose könnte was bedeuten,
doch tat es nicht. (Sie kannte eine Rose.)
Der Unterschied zu andern Namen war's,
weshalb die Leute ihn und sie bemerkten
(bemerkten oder eben falsch verstanden).
Doch wie ein Mädchen, das ihn trug, sich kleiden,
wie es sich geben soll, entzog sich ihr.
Oh, hätte sie nur mehr davon gewusst,
was ihre Mutter schön fand und was gut.
Dies war das Haus der Kindheit ihrer Mutter,
nach vorne raus ein Stockwerk hoch und drei
auf jener Seite, die zur Straße zeigte.
(So kam auch in den Keller schön die Sonne.)
Wo ihre Mutter schlief, schläft noch der Vater;
ein Bild der Mutter sah sie dort verblassen.

Once she found for a bookmark in the Bible
A maple leaf she thought must have been laid
In wait for her there. She read every word
Of the two pages it was pressed between,
As if it was her mother speaking to her.
But forgot to put the leaf back in closing
And lost the place never to read again.
She was sure, though, there had been nothing in it.
So she looked for herself, as everyone
Looks for himself, more or less outwardly.
And her self-seeking, fitful though it was,
May still have been what led her on to read,
And think a little, and get some city schooling.
She learned shorthand, whatever shorthand may
Have had to do with it – she sometimes wondered.
So, till she found herself in a strange place
For the name Maple to have brought her to,
Taking dictation on a paper pad
And, in the pauses when she raised her eyes,
Watching out of a nineteenth story window
An airship laboring with unshiplike motion
And a vague all-disturbing roar above the river
Beyond the highest city built with hands.
Someone was saying in such natural tones
She almost wrote the words down on her knee,
"Do you know you remind me of a tree –
A maple tree?"

                    "Because my name is Maple?"

"Isn't it Mabel? I thought it was Mabel."

"No doubt you've heard the office call me Mabel.
I have to let them call me what they like."

Sie fand ein Lesezeichen in der Bibel:
ein Ahornblatt, das dort vielleicht auf sie
gewartet hatte. Sie las jedes Wort
der beiden Seiten vor und nach dem Blatt,
als wenn die Mutter all das zu ihr spräche.
Doch sie vergaß, das Blatt zurückzulegen
und fand die Stelle nie zum Lesen wieder.
Sie war ja sicher, dass darin nichts war.
So suchte sie sich fortan selbst, wie jeder
sich selber sucht: in dem, was ihn umgibt.
Und diese Suche, meist nur nebenbei,
bewog sie doch zum Lesen und zum Denken
und zum Besuch der Schule in der Stadt.
Sie lernte Kurzschrift – doch was die damit
zu tun hat, fragte sie sich manches Mal.
Bald fand sie sich an einen Ort gebracht,
der für den Namen Maple seltsam war,
wo sie Diktate auf ein Blöckchen schrieb,
und in den Pausen, wenn sie aus dem Fenster
in der neunzehnten Etage blickte,
ein Luftschiff sah, das sich wenig schiffhaft
mit dumpfem Brüllen plagte überm Fluss
jenseits der höchsten Stadt von Menschenhand.
Da sagte einmal jemand, so natürlich,
dass sie es fast auf ihre Kniee schrieb,
«Wenn ich Sie seh, denk ich an einen Baum –
den Ahorn.»

        «Weil mein Name Maple ist?»

«Ist er nicht Mabel? Mabel, dachte ich.»

«Sie hörten sicher Mabel im Büro.
Ich muss mich nennen lassen, wie die wollen.»

They were both stirred that he should have divined
Without the name her personal mystery.
It made it seem as if there must be something
She must have missed herself. So they were married,
And took the fancy home with them to live by.

They went on pilgrimage once to her father's
(The house one story high in front, three stories
On the side it presented to the road)
To see if there was not some special tree
She might have overlooked. They could find none,
Not so much as a single tree for shade,
Let alone grove of trees for sugar orchard.
She told him of the bookmark maple leaf
In the big Bible, and all she remembered
Of the place marked with it – "Wave offering,
Something about wave offering, it said."

"You've never asked your father outright, have you?"

"I have, and been put off sometime, I think."
(This was her faded memory of the way
Once long ago her father had put himself off.)

"Because no telling but it may have been
Something between your father and your mother
Not meant for us at all."

                    "Not meant for me?
Where would the fairness be in giving me
A name to carry for life and never know
The secret of?"

               "And then it may have been
Something a father couldn't tell a daughter
As well as could a mother. And again

Es rührte beide, dass er ihr Geheimnis
erahnen konnte ohne ihren Namen.
Es musste da noch etwas sein, das ihr
entgangen war. So wurden sie ein Paar
und gingen heim und lebten von der Ahnung.

Sie machten eine Pilgerfahrt zum Vater
(zum Haus nach vorne raus ein Stockwerk hoch
und drei zur Straße hin) und wollten wissen,
ob ihr nicht damals ein besondrer Baum
entgangen war. Sie fanden aber nichts,
nicht einen Baum, der einzeln Schatten gab,
erst recht nicht einen Hain, ein Sirupgärtchen.
Vom Ahorn-Lesezeichen in der Bibel
erzählte sie, und was ihr von der Stelle
noch im Gedächtnis geblieben war: «Schwingopfer,
von einem Schwingopfer stand da irgendwas.»

«Hast du den Vater nie direkt gefragt?»

«Doch, aber irgendwann war ich entmutigt.»
(So sehr verblasst war die Erinnerung,
wie sich der Vater selbst entmutigt hatte.)

«Vielleicht war das, was zwischen deinem Vater
und deiner Mutter damals war, gar nicht
für uns bestimmt.»

              «Wieso denn nicht für mich?
Was ist gerecht daran, mir einen Namen
ins Leben mitzugeben, sein Geheimnis
dagegen nicht?»

              «Vielleicht weil's eines ist,
von dem ein Vater einer Tochter nicht
so gut erzählen kann wie eine Mutter.

It may have been their one lapse into fancy
'Twould be too bad to make him sorry for
By bringing it up to him when he was too old.
Your father feels us round him with our questing,
And holds us off unnecessarily,
As if he didn't know what little thing
Might lead us on to a discovery.
It was as personal as he could be
About the way he saw it was with you
To say your mother, had she lived, would be
As far again as from being born to bearing."

"Just one look more with what you say in mind,
And I give up"; which last look came to nothing.
But though they now gave up the search forever,
They clung to what one had seen in the other
By inspiration. It proved there was something.
They kept their thoughts away from when the maples
Stood uniform in buckets, and the steam
Of sap and snow rolled off the sugarhouse.
When they made her related to the maples,
It was the tree the autumn fire ran through
And swept of leathern leaves, but left the bark
Unscorched, unblackened, even, by any smoke.
They always took their holidays in autumn.
Once they came on a maple in a glade,
Standing alone with smooth arms lifted up,
And every leaf of foliage she'd worn
Laid scarlet and pale pink about her feet.
But its age kept them from considering this one.
Twenty-five years ago at Maple's naming
It hardly could have been a two-leaved seedling
The next cow might have licked up out a pasture.

Vielleicht geschah es auch aus einer Laune.
Wie schlimm, wenn er sie noch bedauern müsste,
weil wir damit jetzt kommen, wo er alt ist.
Dein Vater spürt, dass wir nach etwas suchen,
und geht uns mehr als nötig aus dem Weg,
als wüsst er nicht, welch kleiner Wink
uns helfen könnte, manches zu entdecken.
Als er jetzt sah, wie du geworden bist,
da sagte er, persönlich wie noch nie,
dass deine Mutter, lebte sie, noch mal
so alt wie von Geburt bis zum Gebären wär.»

«Ein letzter Blick mit deinem Wort im Sinn,
und ich geb auf.» Der Blick erbrachte nichts.
Auch wenn sie nun die Suche gänzlich ließen,
blieb ihnen, was der eine hat im anderen
erahnt. Es zeigte, dass da etwas war.
Sie dachten nicht zurück an Ahornbäume
in Reih und Glied in Eimern, an den Dampf
von Saft und Schnee, dem Zuckerhaus entquollen.
Wenn sie an Maple und den Ahorn dachten,
war es der Baum, durch den Herbstfeuer lief,
die Blätter abgefegt, die Rinde aber
noch unversengt und ungeschwärzt vom Rauch.
Sie nahmen ihren Urlaub stets im Herbst.
Ein Ahorn stand allein in einer Lichtung,
der hielt die glatten Arme hochgereckt,
und jedes Blatt des Laubs, das er getragen,
lag scharlachrot und rosa ihm zu Füßen.
Doch dieser Baum schied durch sein Alter aus.
Als Maple fünfundzwanzig Jahre vorher
den Namen kriegte, war er kaum ein Schössling,
den bald die nächste Kuh hätt aufgeleckt.

Could it have been another maple like it?
They hovered for a moment near discovery,
Figurative enough to see the symbol,
But lacking faith in anything to mean
The same at different times to different people.
Perhaps a filial diffidence partly kept them
From thinking it could be a thing so bridal.
And anyway it came too late for Maple.
She used her hands to cover up her eyes.
"We would not see the secret if we could now:
We are not looking for it any more."

Thus had a name with meaning, given in death,
Made a girl's marriage, and ruled in her life.
No matter that the meaning was not clear.
A name with meaning could bring up a child,
Taking the child out of the parents' hands.
Better a meaningless name, I should say,
As leaving more to nature and happy chance.
Name children some names and see what you do.

Fire and Ice

Some say the world will end in fire,
Some say in ice.
From what I've tasted of desire
I hold with those who favor fire.
But if it had to perish twice,
I think I know enough of hate
To know that for destruction ice
Is also great
And would suffice.

War es vielleicht ein Ahorn so wie der?
Sie standen jetzt ganz kurz vor der Entdeckung,
vor dem Symbol in seiner Bildlichkeit,
doch ohne rechten Glauben, etwas sei
für andere in andern Zeiten gleich.
Vielleicht verbot die Schüchternheit des Kindes,
den Ahorn derart hochzeitlich zu sehn.
Es kam für Maple ohnehin zu spät.
Sie legte ihre Hände auf die Augen.
«Wir sähen das Geheimnis jetzt nicht mehr,
selbst wenn wir könnten. Weil wir nicht mehr suchen.»

So hat ein Name mit Sinn, im Tod gegeben,
den Ehemann, das Leben ihr bestimmt.
War auch der Sinn nicht klar – was macht das schon.
Ein Name mit Sinn mag wohl ein Kind erziehen,
nimmt er es doch den Eltern aus der Hand.
Ich glaub, ein Name, der nichts sagt, ist besser,
als auf Natur und Glück sich zu verlassen.
Gebt acht, was manche Namen Kindern tun.

Feuer und Eis

So mancher sagt, die Welt vergeht in Feuer,
so mancher sagt, in Eis.
Nach dem, was ich von Lust gekostet,
halt ich's mit denen, die das Feuer vorziehn.
Doch müsst sie zweimal untergehn,
kenn ich den Hass wohl gut genug,
zu wissen, dass für die Zerstörung Eis
auch bestens ist
und sicher reicht.

Fire and Ice

Some say the world will end in fire,
Some say in ice.
From what I've tasted of desire
I hold with those who favor fire.
But if it had to perish twice,
I think I know enough of hate
To know that for destruction ice
Is also great
And would suffice.

In a Disused Graveyard

The living come with grassy tread
To read the gravestones on the hill;
The graveyard draws the living still,
But never anymore the dead.

The verses in it say and say:
"The ones who living come today
To read the stones and go away
Tomorrow dead will come to stay."

So sure of death the marbles rhyme,
Yet can't help marking all the time
How no one dead will seem to come.
What is it men are shrinking from?

It would be easy to be clever
And tell the stones: Men hate to die
And have stopped dying now forever.
I think they would believe the lie.

Feuer und Eis

Manch einer sagt, in Feuer stirbt die Welt.
Ein anderer, in Eis.
Da vom Geschmack der Lust ich weiß,
halt ich's mit dem, der auf das Feuer zählt.
Doch wenn es zweimal untergehen heißt,
weiß ich vom Hass genug,
dass die Zerstörung Eis
genauso tut
und alles fällt.

Auf einem aufgelassenen Friedhof

Die Lebenden kommen mit grasigem Tritt,
die Steine auf dem Hügel zu lesen;
der Friedhof lockt die Lebenden noch immer,
doch nimmermehr die Toten.

Die Verse darauf sagen und sagen:
«Wer heute lebend hierher kommt,
die Steine zu lesen und fortzugehn,
wird morgen im Tod hier verweilen.»

So fest vom Tod der Marmor spricht –
er kann doch nicht umhin zu merken,
dass keiner tot zu kommen scheint.
Was ist es, das die Menschen schreckt?

Ein Leichtes wär's, dem Stein zu sagen,
die Menschen hassen es zu sterben
und haben mit dem Sterben aufgehört.
Er würde wohl die Lüge glauben.

Nothing Gold Can Stay

Nature's first green is gold,
Her hardest hue to hold.
Her early leaf's a flower;
But only so an hour.
Then leaf subsides to leaf.
So Eden sank to grief,
So dawn goes down to day.
Nothing gold can stay.

Stopping by Woods on a Snowy Evening

Whose woods these are I think I know.
His house is in the village, though;
He will not see me stopping here
To watch his woods fill up with snow.

My little horse must think it queer
To stop without a farmhouse near
Between the woods and frozen lake
The darkest evening of the year.

He gives his harness bells a shake
To ask if there is some mistake.
The only other sound's the sweep
Of easy wind and downy flake.

The woods are lovely, dark, and deep,
But I have promises to keep,
And miles to go before I sleep,
And miles to go before I sleep.

Nichts Goldenes hat Bestand

Das erste Grün in der Natur ist Gold,
die Farbe, die nicht währt.
Ihr erstes Blatt ist eine Blume,
doch nur für eine Stunde.
Dann senkt sich Blatt auf Blatt.
So sank auch Eden in den Gram,
so ging das Morgenrot zum Tag.
Nichts Goldenes hat Bestand.

Rast am Wald an einem verschneiten Abend

Ich weiß wohl, wem der Wald gehört,
doch steht sein Haus im fernen Dorf;
er sieht mich nicht hier stehn und schaun,
wie all sein Wald im Schnee versinkt.

Mein Pferdchen wundert sich bestimmt:
Ein Halt, so weit vom nächsten Hof,
am Wald, am zugefrorenen Teich
in allertiefster Winternacht?

Die Zaumzeugschellen schüttelt es
als Frage, ob wir uns geirrt.
Sonst hört man leises Rauschen nur
vom leichten Wind, vom sanften Schnee.

Der Wald ist lieblich, dunkel, tief,
doch ich muss tun, was ich versprach,
und Meilen gehn, bevor ich schlaf,
und Meilen gehn, bevor ich schlaf.

Stopping by Woods on a Snowy Evening

Whose woods these are I think I know.
His house is in the village, though;
He will not see me stopping here
To watch his woods fill up with snow.

My little horse must think it queer
To stop without a farmhouse near
Between the woods and frozen lake
The darkest evening of the year.

He gives his harness bells a shake
To ask if there is some mistake.
The only other sound's the sweep
Of easy wind and downy flake.

The woods are lovely, dark, and deep,
But I have promises to keep,
And miles to go before I sleep,
And miles to go before I sleep.

Two Look at Two

Love and forgetting might have carried them
A little further up the mountainside
With night so near, but not much further up.
They must have halted soon in any case
With thoughts of the path back, how rough it was
With rock and washout, and unsafe in darkness;
When they were halted by a tumbled wall
With barbed-wire binding. They stood facing this,
Spending what onward impulse they still had

Ein Halt am Waldrand an einem verschneiten Abend

Der Mann, vor dessen Wald ich steh,
wohnt fern im Dorf, kann mich nicht sehn:
Er weiß nicht, dass ich Halt gemacht
und schau auf seinen Wald voll Schnee.

Was hat mein Rappe wohl gedacht?
Mein Weg hat uns weit fort gebracht
zum See aus Eis, von Wald umstellt
in dieses Jahres tiefster Nacht.

Er schüttelt sich, sein Glöckchen schellt,
weil er's für ein Versehen hält.
Nur sanftes Rauschen, sonst kein Ton,
wenn Schnee im Wind wie Daunen fällt.

Der Wald ist schwarz und lieblich nun.
Was ich versprochen, muss ich tun,
und Meilen gehn, dann kann ich ruhn,
und Meilen gehn, dann kann ich ruhn.

Zwei schauen auf Zwei

Vergessenheit und Liebe brachten sie
vielleicht ein wenig höher auf den Berg
mit naher Nacht, ein wenig höher nur.
Sie mussten ohnehin bald halten, im
Gedanken an den Weg zurück, so schwer
durch das Geröll, im Dunkel recht gefährlich,
als sie vor einer eingestürzten Mauer
mit Stacheldraht darum zu stehen kamen.
Ein Blick in die versperrte Richtung nur

In one last look the way they must not go,
On up the failing path, where, if a stone
Or earthslide moved at night, it moved itself;
No footstep moved it. "This is all," they sighed,
"Good-night to woods." But not so; there was more.
A doe from round a spruce stood looking at them
Across the wall, as near the wall as they.
She saw them in their field, they her in hers.
The difficulty of seeing what stood still,
Like some up-ended boulder split in two,
Was in her clouded eyes: they saw no fear there.
She seemed to think that, two thus, they were safe.
Then, as if they were something that, though strange,
She could not trouble her mind with too long,
She sighed and passed unscared along the wall.
"*This*, then, is all. What more is there to ask?"
But no, not yet. A snort to bid them wait.
A buck from round the spruce stood looking at them
Across the wall as near the wall as they.
This was an antlered buck of lusty nostril,
Not the same doe come back into her place.
He viewed them quizzically with jerks of head,
As if to ask, "Why don't you make some motion?
Or give some sign of life? Because you can't.
I doubt if you're as living as you look."
Thus till he had them almost feeling dared
To stretch a proffering hand – and a spell-breaking.
Then he too passed unscared along the wall.
Two had seen two, whichever side you spoke from.
"This *must* be all." It was all. Still they stood,
A great wave from it going over them,
As if the earth in one unlooked-for favor
Had made them certain earth returned their love.

verbrauchte ihren letzten Vorwärtsdrang
auf diesem schlechten Pfad, wo, wenn ein Stein
sich nachts bewegte, er's alleine tat,
kein Fußtritt rührte ihn. «Das war's», ein Seufzer,
«nun gute Nacht dem Wald.» Doch war da mehr.
Eine Hirschkuh hinter einer Fichte sah sie an
gleich nah der Mauer drüben wie sie hier,
und jeder sah von seinem Fleck den andern.
Die Schwierigkeit zu sehn, was sich nicht rührt
wie ein entzwei gebrochner Findling, stand
in ihren trüben Augen: keine Furcht.
Sie dachte wohl, zwei solche – die sind sicher.
und dann, als wären sie zwar sonderbar,
doch nicht genug, sich weiter drum zu scheren,
ging seufzend sie entlang der Mauer furchtlos weg.
«Das war's jetzt aber. Kann man mehr verlangen?»
Doch nein, noch nicht. Ein Schnauben hieß sie warten.
Ein Hirschbock hinter einer Fichte sah sie an
gleich nah der Mauer drüben wie sie hier:
ein Bock mit starken Nüstern und Geweih,
und nicht etwa die Kuh am alten Platz.
Er ruckte mit dem Kopf und schaute zweifelnd,
als frage er: «Warum rührt ihr euch nicht?
Als Zeichen, dass ihr lebt? Weil ihr's nicht könnt.
Ihr seid nicht so lebendig, wie ihr ausseht.»
Da hatte er sie fast so weit, dass sie
die Hand ausstreckten und den Bann so brachen.
Dann schritt auch er entlang der Mauer furchtlos weg.
Zwei hatten Zwei gesehn – wie man's auch nahm.
«Das *muss* es jetzt gewesen sein.» So war's.
Sie standen still und spürten eine Woge,
als hätt der Erde unverhoffte Gunst
versichert: Sie erwidert ihre Liebe.

The Need of Being Versed in Country Things

The house had gone to bring again
To the midnight sky a sunset glow.
Now the chimney was all of the house that stood,
Like a pistil after the petals go.

The barn opposed across the way,
That would have joined the house in flame
Had it been the will of the wind, was left
To bear forsaken the place's name.

No more it opened with all one end
For teams that came by the stony road
To drum on the floor with scurrying hoofs
And brush the mow with the summer load.

The birds that came to it through the air
At broken windows flew out and in,
Their murmur more like the sigh we sigh
From too much dwelling on what has been.

Yet for them the lilac renewed its leaf,
And the aged elm, though touched with fire;
And the dry pump flung up an awkward arm;
And the fence post carried a strand of wire.

For them there was really nothing sad.
But though they rejoiced in the nest they kept,
One had to be versed in country things
Not to believe the phoebes wept.

Wozu ländliche Erfahrung gut ist

Das Haus war weg und hatte mitternachts
dem Himmel noch ein Abendrot gebracht.
Das Letzte, was noch stand, war der Kamin:
der Stempel einer blätterlosen Blüte.

Die Scheune gegenüber, überm Weg,
die sich zum Haus im Feuer fast gesellt,
hätt es der Wind gewollt, blieb nun zurück
und trug des Ortes Namen ganz allein.

Sie macht nun nie mehr ihre Seite auf
fürs Fuhrwerk, das herein vom Kiesweg kommt
und trommelnd auf den Tennenboden stampft
und mit dem Fuder die Heuwände streift.

Die Vögel kamen durch die Luft heran
und durch kaputte Scheiben ein und aus
mit Gurren, das wie unser Seufzen klang,
wenn wir zu lang in dem, was war, verweilt.

Für sie erschafft der Flieder neues Laub,
die angesengte alte Ulme auch;
für sie hebt steif die Pumpe ihren Arm;
der Zaunpfahl trägt für sie ein Knäuel Draht.

Für sie gab es dort nichts, was traurig war.
Sie waren einfach froh in ihrem Nest.
Doch wär man nicht mit Ländlichem vertraut,
man hätt geglaubt, der Mauersegler weint.

The Need of Being Versed in Country Things

The house had gone to bring again
To the midnight sky a sunset glow.
Now the chimney was all of the house that stood,
Like a pistil after the petals go.

The barn opposed across the way,
That would have joined the house in flame
Had it been the will of the wind, was left
To bear forsaken the place's name.

No more it opened with all one end
For teams that came by the stony road
To drum on the floor with scurrying hoofs
And brush the mow with the summer load.

The birds that came to it through the air
At broken windows flew out and in,
Their murmur more like the sigh we sigh
From too much dwelling on what has been.

Yet for them the lilac renewed its leaf,
And the aged elm, though touched with fire;
And the dry pump flung up an awkward arm;
And the fence post carried a strand of wire.

For them there was really nothing sad.
But though they rejoiced in the nest they kept,
One had to be versed in country things
Not to believe the phoebes wept.

Warum es gut ist, in ländlichen Dingen versiert zu sein

Das Haus war fort und gab noch mal
ein Abendrot der Mitternacht.
Nur der Kamin stand noch vom Haus,
ein Blütenstempel ohne Blütenpracht.

Die Scheune drüben überm Weg
wär fast mit diesem Haus verbrannt,
hätt es der Wind gewollt. Nach ihr
allein war nun der Ort benannt.

Nie mehr klappt sie die Seite auf
für die Gespanne vom Schotterweg,
die in die Tenne mit trommelndem Huf
das Fuder ziehn, das am Heuhaufen fegt.

Heraus und herein kamen Vögel im Flug
durch die zersprungenen Fenster geeilt;
ihr Gurren klang eher wie unser Geseufz,
wenn wir zu lange im Gestern verweilt.

Für sie erneuert der Flieder sein Blatt,
genauso die Ulme, ist sie auch versengt;
die Pumpe reckt ungeschickt ihren Arm,
der Zaunpfahl hat sich Draht umgehängt.

Darüber traurig waren sie nicht.
Sind sie auch freudig im Nest vereint,
muss man versiert im Ländlichen sein,
um nicht zu glauben, der Mauersegler weint.

A Hillside Thaw

To think to know the country and not know
The hillside on the day the sun lets go
Ten million silver lizards out of snow!
As often as I've seen it done before
I can't pretend to tell the way it's done.
It looks as if some magic of the sun
Lifted the rug that bred them on the floor
And the light breaking on them made them run.
But if I thought to stop the wet stampede,
And caught one silver lizard by the tail,
And put my foot on one without avail,
And threw myself wet-elbowed and wet-kneed
In front of twenty others' wriggling speed –
In the confusion of them all aglitter,
And birds that joined in the excited fun
By doubling and redoubling song and twitter –
I have no doubt I'd end by holding none.

It takes the moon for this. The sun's a wizard
By all I tell; but so's the moon a witch.
From the high west she makes a gentle cast
And suddenly, without a jerk or twitch,
She has her spell on every single lizard.
I fancied when I looked at six o'clock
The swarm still ran and scuttled just as fast.
The moon was waiting for her chill effect.
I looked at nine: the swarm was turned to rock
In every lifelike posture of the swarm,
Transfixed on mountain slopes almost erect.
Across each other and side by side they lay.
The spell that so could hold them as they were

Es taut am Hang

Man denkt, man kennt das Land, und kennt doch nicht
den Berghang an dem Tag, wenn Sonnenschein
Millionen Silberechsen aus dem Schnee entlässt.
So oft ich das auch schon gesehen habe,
geb ich nicht vor, ich wisse, wie das geht.
Es sieht so aus, als hebt ein Sonnenzauber
den Teppich, der sie ausgebrütet hat,
und Licht dringt plötzlich ein und treibt sie los.
Doch wollte ich die nasse Flucht verhindern
und griffe eine Silberechs' am Schwanz
und trät umsonst auf eine andere
und würfe mich mit nassen Knien und Armen
noch zwanzig anderen Zapplern in den Weg:
In diesem Durcheinander aus Geglitzer,
dabei noch Vögel in dem wilden Spaß
mit doppeltem Gesang und zweifach Zwitschern,
hätt ich am Ende sicher nichts erwischt.

Es braucht den Mond dazu. Die Sonne zaubert,
hab ich gesagt, doch auch der Mond kann hexen.
Vom Westen her wirft er ein sanftes Licht,
und plötzlich, ohne Zucken oder Zappeln,
liegt jede Echse unter seinem Bann.
Ich bildete mir ein, dass um sechs Uhr
der Schwarm noch eifrig lief und huschte.
Noch schob der Mond den kalten Einfluss auf.
Um neun sah ich: Der Schwarm war Fels geworden,
in jeder seiner Posen lebensecht
erstarrt, fast senkrecht an des Bergs Gefälle.
Sie lagen kreuz und quer und Seit an Seit.
Der Zauberbann, der sie gefesselt hielt,

Was wrought through trees without a breath of storm
To make a leaf, if there had been one, stir.
It was the moon's: she held them until day,
One lizard at the end of every ray.
The thought of my attempting such a stay!

war in den Wald gewoben ohne Sturmhauch,
der Laub, wär Laub schon da, geschüttelt hätte.
Der Mond sprach ihn: Er hielt sie bis zum Tag,
an jedem seiner Strahlen eine Echse.
Allein zu denken, so was könnt ich auch!

Spring Pools

These pools that, though in forests, still reflect
The total sky almost without defect,
And like the flowers beside them, chill and shiver,
Will like the flowers beside them soon be gone,
And yet not out by any brook or river,
But up by roots to bring dark foliage on.

The trees that have it in their pent-up buds
To darken nature and be summer woods –
Let them think twice before they use their powers
To blot out and drink up and sweep away
These flowery waters and these watery flowers
From snow that melted only yesterday.

Tree at My Window

Tree at my window, window tree,
My sash is lowered when night comes on;
But let there never be curtain drawn
Between you and me.

Vague dream-head lifted out of the ground,
And thing next most diffuse to cloud,
Not all your light tongues talking aloud
Could be profound.

But, tree, I have seen you taken and tossed,
And if you have seen me when I slept,
You have seen me when I was taken and swept
And all but lost.

Frühlingspfützen

Die Pfützen, die, obwohl im Wald, noch spiegeln
den ganzen Himmel beinah makellos,
und wie die nahen Blumen jetzt noch schaudern,
sind wie die nahen Blumen bald nicht mehr,
und doch nicht fort in Bächen oder Flüssen,
nein: in Wurzeln hoch, zu schaffen dunkles Laub.

Die Bäume, deren Triebe in sich tragen,
Natur zu dunkeln, Sommerwald zu sein –
lass zweimal sie bedenken ihre Kräfte
zu tilgen, auszutrinken, wegzuwischen
die Blumenpfützen und die Pfützenblumen
vom Schnee, der gestern erst geschmolzen ist.

Baum an meinem Fenster

Baum an meinem Fenster, Fensterbaum,
ich schließe mein Fenster bei Einbruch der Nacht,
doch soll nie ein Vorhang gezogen sein
zwischen dir und mir.

Verwischter Traumkopf, dem Boden entstiegen,
du Schemen so unklar wie Wolken,
nicht alle deine leichten Zungen sprachen
mit tiefem Sinn.

Doch Baum, ich sah dich gepackt und geworfen,
und falls du mich im Schlafe sahst,
sahst du mich gepackt und fortgerissen
und fast verlorn.

That day she put our heads together,
Fate had her imagination about her,
Your head so much concerned with outer,
Mine with inner, weather.

Acquainted with the Night

I have been one acquainted with the night.
I have walked out in rain – and back in rain.
I have outwalked the furthest city light.

I have looked down the saddest city lane.
I have passed by the watchman on his beat
And dropped my eyes, unwilling to explain.

I have stood still and stopped the sound of feet
When far away an interrupted cry
Came over houses from another street,

But not to call me back or say good-by;
And further still at an unearthly height
One luminary clock against the sky

Proclaimed the time was neither wrong nor right.
I have been one acquainted with the night.

Am Tag, als sie uns Kopf an Kopf gesellt,
da war die Parze voller Phantasie,
dein Kopf so befasst mit äußerem,
der meinige mit innerem Wetter.

Die Nacht gekannt

Ich war so einer, der die Nacht gekannt.
Ich ging bei Regen aus, bei Regen heim.
Ich ging am letzten Stadtlicht noch vorbei.

Ich wusste von den Gassen ohne Freude.
Ich traf den Wachmann auf der letzten Runde
und senkte ungesprächig meinen Blick.

Ich stand ganz leise, meine Schritte stumm,
als in der Ferne ein durchbrochener Schrei
aus anderer Straße über Häuser fuhr,

doch nicht als Gruß, nicht als Lebwohl für mich.
Und weiter fort, auf geisterhafter Höhe,
erklärte eine Uhr aus Licht vorm Himmel,

die Zeit sei weder falsch noch recht.
Ich war so einer, der die Nacht gekannt.

What Fifty Said

When I was young my teachers were the old.
I gave up fire for form till I was cold.
I suffered like a metal being cast.
I went to school to age to learn the past.

Now I am old my teachers are the young.
What can't be molded must be cracked and sprung.
I strain at lessons fit to start a suture.
I go to school to youth to learn the future.

Was Fünfzig sprach

Als ich jung war, da waren meine Lehrer alt.
Mein Feuer gab ich auf für kalte Form.
Ich litt wie ein Metall beim Guss.
Ich lernte die Vergangenheit beim Alter.

Nun bin ich alt, und nun sind meine Lehrer jung.
Was nicht mehr formbar ist, zeigt tiefe Risse.
Ich mühe mich, den Spalt zu schließen.
Ich lerne jetzt die Zukunft bei der Jugend.

Desert Places

Snow falling and night falling fast, oh, fast
In a field I looked into going past,
And the ground almost covered smooth in snow,
But a few weeds and stubble showing last.

The woods around it have it – it is theirs.
All animals are smothered in their lairs.
I am too absent-spirited to count;
The loneliness includes me unawares.

And lonely as it is, that loneliness
Will be more lonely ere it will be less –
A blanker whiteness of benighted snow
With no expression, nothing to express.

They cannot scare me with their empty spaces
Between stars – on stars where no human race is.
I have it in me so much nearer home
To scare myself with my own desert places.

Öde Orte

Der Schnee fällt und die Nacht fällt schnell, oh schnell
aufs Feld, auf das ich im Vorbeigehn sah.
Der Boden war schon beinah zugeschneit,
nur Unkraut, ein paar Stoppeln blieben noch.

Der Wald vereinnahmt ihn als Eigentum.
Die Tiere in den Kuhlen sind bedeckt.
Im Geiste bin ich fort – ich zähl nicht mit;
die Einsamkeit schließt mich unmerklich ein.

Und derart einsam wird die Einsamkeit
an Einsamkeit zunehmen, eh sie weicht:
ein leeres Weiß von Schnee, gehüllt in Nacht,
ganz ausdruckslos, zu sagen gibt es nichts.

Sie machen mir nicht Angst mit leeren Räumen
dort zwischen Sternen – Sternen ohne Menschen.
Ich muss nicht weit gehn – nur in mich –, um mir
mit eignen öden Orten Angst zu machen.

Desert Places

Snow falling and night falling fast, oh, fast
In a field I looked into going past,
And the ground almost covered smooth in snow,
But a few weeds and stubble showing last.

The woods around it have it – it is theirs.
All animals are smothered in their lairs.
I am too absent-spirited to count;
The loneliness includes me unawares.

And lonely as it is, that loneliness
Will be more lonely ere it will be less –
A blanker whiteness of benighted snow
With no expression, nothing to express.

They cannot scare me with their empty spaces
Between stars – on stars where no human race is.
I have it in me so much nearer home
To scare myself with my own desert places.

A Leaf-Treader

I have been treading on leaves all day until I am autumn-
    tired.
God knows all the color and form of leaves I have
    trodden on and mired.
Perhaps I have put forth too much strength and been too
    fierce from fear.
I have safely trodden underfoot the leaves of another year.

All summer long they were overhead, more lifted up than I.
To come to their final place in earth they had to pass me by.

Öde Orte

Der Schnee fiel schnell, und schnell fiel auch die Nacht
aufs Feld, an das mein Weg mich hat gebracht,
und bis auf ein paar Stoppeln hier und dort
bedeckt der Schnee den ganzen Boden sacht.

Der Wald ringsum besitzt ihn – er ist sein.
Er hüllt das Wild auf seinem Lager ein.
Mein Geist ist zu weit fort, ich zähl hier nichts;
die Einsamkeit kommt still: Ich bin allein.

So weit die Einsamkeit auch einsam reicht,
vereinsamt sie doch mehr, bevor sie weicht –
ein leeres Weiß aus nachtumfangenem Schnee:
Es drückt nichts aus, hat nichts, was Ausdruck gleicht.

Sie schrecken mich nicht mit dem Nichts umher:
um Sterne und auf Sternen menschenleer.
Es liegt in mir, viel näher an zu Haus.
Mich schrecken *meine* öden Orte mehr.

Ein Laubtreter

Den ganzen Tag bin ich auf Laub getreten; herbstesmüde
   bin ich jetzt.
Gott kennt die Farb und Form der Blätter, die ich in den
   Schmutz trat.
Vielleicht bin ich zu kräftig vorgegangen, war aus Furcht
   zu grimmig.
Ich hab die Blätter eines Jahres unbesorgt zertreten.

Den Sommer lang warn sie da oben, weit erhabener als ich.
Den Weg zu ihrer letzten Ruhe gingen sie an mir vorbei.

All summer long I thought I heard them threatening under
    their breath.
And when they came it seemed with a will to carry me with
    them to death.

They spoke to the fugitive in my heart as if it were leaf
    to leaf.
They tapped at my eyelids and touched my lips with an
    invitation to grief.
But it was no reason I had to go because they had to go.
Now up, my knee, to keep on top of another year of snow.

The Strong Are Saying Nothing

The soil now gets a rumpling soft and damp,
And small regard to the future of any weed.
The final flat of the hoe's approval stamp
Is reserved for the bed of a few selected seed.

There is seldom more than a man to a harrowed piece.
Men work alone, their lots plowed far apart,
One stringing a chain of seed in an open crease,
And another stumbling after a halting cart.

To the fresh and black of the squares of early mold
The leafless bloom of a plum is fresh and white;
Though there's more than a doubt if the weather is not too
For the bees to come and serve its beauty aright.   ⌊cold

Wind goes from farm to farm in wave on wave,
But carries no cry of what is hoped to be.
There may be little or much beyond the grave,
But the strong are saying nothing until they see.

Den Sommer lang vernahm ich, wie sie flüsternd mich
   bedrohten,
und als sie runterkamen, schien es mir, ich sollte mit in ihren
   Tod.

Sie sprachen zu dem Flüchtling in mir wie von Blatt zu
   Blatt.
Sie klopften mir auf Mund und Augen, luden mich zur
   Trauer ein.
Doch war ihr letzter Gang für mich kein Grund zu gehn.
Wohlan, mein Knie, bleib noch ein Schnee-Jahr obenauf.

Die Starken schweigen

Die Erde kriegt jetzt weiche, feuchte Falten,
der Zukunft allen Unkrauts ungeachtet.
Die Billigung des letzten Blatts der Hacke
gilt nur dem Bett für auserwählte Saat.

Meist ist nur ein Mann auf dem frischen Stück.
Man hackt allein die eigene Parzelle:
Dort reiht der eine Samen in die Furche,
ein andrer strauchelt, als sein Karren hält.

Zum frischen Schwarz des jungen Krumenfelds
erscheint die Pflaumenblüte frisch und weiß.
Man zweifelt freilich, ob es für den Dienst
der Bienen an der Schönheit nicht zu kalt ist.

Wind zieht von Farm zu Farm in steten Wellen,
doch trägt er keinen Hoffnungsschrei mit sich.
Dem Grab mag wenig folgen oder viel –
die Starken schweigen, bis sie es erfahren.

Neither Out Far nor In Deep

The people along the sand
All turn and look one way.
They turn their back on the land.
They look at the sea all day.

As long as it takes to pass
A ship keeps raising its hull;
The wetter ground like glass
Reflects a standing gull.

The land may vary more;
But wherever the truth may be –
The water comes ashore,
And the people look at the sea.

They cannot look out far.
They cannot look in deep.
But when was that ever a bar
To any watch they keep?

Weder weit noch tief

Die Menschen dort am Strand
sehn alle in eine Richtung.
Dem Lande abgewandt sehn sie
den ganzen Tag aufs Meer.

Ein Schiff passiert: So lange
geht auf und ab sein Rumpf;
der nasse Boden spiegelt
eine Möwe, die da steht.

An Land mag mehr geschehn;
doch wo die Wahrheit auch liegt:
Das Wasser kommt ans Ufer
und Menschen sehn aufs Meer.

Weit können sie nicht sehn.
Tief können sie nicht sehn.
Wann war das je ein Grund,
nicht doch Ausschau zu halten?

She drew back; he was calm:
"It is this that had the power."
And he lashed his open palm
With the tender-headed flower.
He smiled for her to smile,
But she was either blind
Or willfully unkind.
He eyed her for a while
For a woman and a puzzle.
He flicked and flung the flower,
And another sort of smile
Caught up like fingertips
The corners of his lips
And cracked his ragged muzzle.
She was standing to the waist
In goldenrod and brake,
Her shining hair displaced.
He stretched her either arm
As if she made it ache
To clasp her – not to harm;
As if he could not spare
To touch her neck and hair.
"If this has come to us
And not to me alone –"
So she thought she heard him say;
Though with every word he spoke
His lips were sucked and blown
And the effort made him choke
Like a tiger at a bone.
She had to lean away.
She dared not stir a foot,

Die gestürzte Blume

Sie wich zurück; er sagte ruhig:
«Das hatte diese Macht.»
Er peitschte sich die hohle Hand
mit einer zarten Blume.
Er lächelte, auf dass sie lächle,
sie aber war entweder blind
oder mit Absicht lieblos.
Er sah sie eine Weile
als Frau an – und als Rätsel.
Er schnippte fort die Blume,
ein Lächeln anderer Art
griff wie mit Fingerspitzen
an seine Lippen hin
und spaltete sein krauses Maul.
Sie stand in Goldenrute
und Farnkraut bis zur Hüfte,
das leuchtende Haar verwirrt.
Er streckte Arm um Arm nach ihr,
als gäb sie ihnen Sehnsucht,
sie zu umklammern – ohne Arg;
als müsse er jetzt unbedingt
ihr Haar und ihren Nacken spüren.
«Wenn es uns beide traf
und nicht nur mich allein …»,
so, meint sie, sage er,
doch sogen, bliesen nur
mit jedem Wort die Lippen.
Vor lauter Mühe würgte er
so wie ein Tiger an dem Knochen.
Da neigte sie sich weg von ihm.
Sie wagte keinen Fuß zu rühren,

Lest movement should provoke
The demon of pursuit
That slumbers in a brute.
It was then her mother's call
From inside the garden wall
Made her steal a look of fear
To see if he could hear
And would pounce to end it all
Before her mother came.
She looked and saw the shame:
A hand hung like a paw,
An arm worked like a saw
As if to be persuasive,
An ingratiating laugh
That cut the snout in half,
An eye become evasive.
A girl could only see
That a flower had marred a man,
But what she could not see
Was that the flower might be
Other than base and fetid:
That the flower had done but part,
And what the flower began
Her own too meager heart
Had terribly completed.
She looked and saw the worst.
And the dog or what it was,
Obeying bestial laws,
A coward save at night,
Turned from the place and ran.
She heard him stumble first
And use his hands in flight.
She heard him bark outright.

dass ja nicht die Bewegung
den Dämon der Hatz erweckt,
der im Untier schlummert.
In dem Moment ließ sie der Ruf
der Mutter aus dem Garten rasch
mit einem Angstblick auf ihn schauen:
ob er es hörte und
mit einem Satz sie risse,
bevor die Mutter kam.
Sie schaute, sah das Elend:
Wie eine Tatze hing die Hand,
ein Arm, der sägte hin und her,
wohl zur Bekräftigung,
ein schmeichlerisches Lachen,
das ihm die Schnauze teilte,
ein Auge, das ihr auswich.
Das Mädchen sah hier nur,
dass eine Blume einen Mann verdarb.
Was sie nicht sehen konnte:
Die Blume war vielleicht
was anderes als falsch und stinkend.
Die Blume war nur dran beteiligt;
die Blume hatte nur begonnen,
was ihr zu dürres eigenes Herz
furchtbar vollendet hatte.
Sie schaute, sah das Schlimmste.
Der Hund, oder was es war,
gemäß den Tier-Gesetzen
ein Feigling, außer nachts,
lief von dem Orte weg.
Sie hörte ihn erst stolpern,
zur Flucht die Hände nutzen.
Sie hörte ihn richtig bellen.

And oh, for one so young
The bitter words she spit
Like some tenacious bit
That will not leave the tongue.
She plucked her lips for it,
And still the horror clung.
Her mother wiped the foam
From her chin, picked up her comb,
And drew her backward home.

The Silken Tent

She is as in a field a silken tent
At midday when a sunny summer breeze
Has dried the dew and all its ropes relent,
So that in guys it gently sways at ease,
And its supporting central cedar pole,
That is its pinnacle to heavenward
And signifies the sureness of the soul,
Seems to owe naught to any single cord,
But strictly held by none, is loosely bound
By countless silken ties of love and thought
To everything on earth the compass round,
And only by one's going slightly taut
In the capriciousness of summer air
Is of the slightest bondage made aware.

Und ach, so jung war sie
und spie so bittere Worte
gleich einem zähen Klumpen,
der an der Zunge bleibt.
Sie zupfte an den Lippen,
das Grauen klebte fest.
Die Mutter wischte ihr den Schaum
vom Kinn, hob ihren Kamm auf,
zog sie zurück ins Haus.

Das seidene Zelt

Sie ist wie auf dem Gras ein Zelt aus Seide,
wenn mittags sommerlicher Wind den Tau
getrocknet hat und alle Schnüre nachgeben,
so dass es in den Seilen sorglos spielt.
Die Mittelstange, stark aus Zedernholz,
die seine Spitze ist zum Himmel hin
und von der Festigkeit der Seele zeugt,
scheint keiner jener Schnüre zu bedürfen;
nicht festgehalten, bindet sie doch sanft
das seidene Band von Liebe und Gedanken
an alles rings im ganzen Erdenrund,
und wird nur durch ein zärtliches Erstraffen
im Flausenspiel der sommerlichen Luft
erinnert an die zarte Fesselung.

Never Again Would Birds' Song Be the Same

He would declare and could himself believe
That the birds there in all the garden round
From having heard the daylong voice of Eve
Had added to their own an oversound,
Her tone of meaning but without the words.
Admittedly an eloquence so soft
Could only have had an influence on birds
When call or laughter carried it aloft.
Be that as may be, she was in their song.
Moreover her voice upon their voices crossed
Had now persisted in the woods so long
That probably it never would be lost.
Never again would birds' song be the same.
And to do that to birds was why she came.

Nie mehr ist Vogelsang so wie zuvor

Er sagte gern und konnte selber glauben,
die Vögel ringsherum im Garten hätten,
weil sie die Stimme Evas oft gehört,
der eignen einen Beiklang zugefügt,
bedeutungsvoll im Ton, doch ohne Worte.
So sanfte Redegabe konnte ganz gewiss
nur dann auf Vögel eine Wirkung tun,
wenn Rufen, Lachen sie nach oben trug.
Wie dem auch sei: Sie war in ihren Liedern.
Noch mehr: Die Zweisamkeit der Stimmen
hat seither so im Walde fortgewirkt,
dass sie womöglich nie verloren geht.
Nie mehr ist Vogelsang so wie zuvor.
Den Vögeln das zu geben, war sie da.

Der Zank zweier Liebender:
Robert Frost und seine Welt

Robert Lee Frost wird am 26. März 1874 in San Francisco geboren. Zwei Jahre später kommt seine Schwester Jeanie zur Welt.
1885, als Robert elf Jahre alt ist, stirbt sein Vater – Lehrer, Jour-
nalist, Abgeordneter und starker Trinker – eben dreißig Jahre
alt an Tuberkulose. Die Mutter – eine Lehrerin – zieht mittellos
mit beiden Kindern erst nach Lawrence, Massachusetts, zu den
Großeltern väterlicherseits, und kurze Zeit später nach Salem
Depot, New Hampshire. 1892, achtzehnjährig, lernt Robert seine zukünftige Frau Elinor Miriam White kennen. Nach dem
High School-Abschluss besucht er das Dartmouth College, ver-
lässt es aber – dort gelangweilt und in sich ruhelos – nach weniger als einem Jahr. Er beginnt zu unterrichten und verdingt sich
zeitweilig als Reporter. 1895 heiratet er Elinor.

Im Jahr darauf wird der Sohn Elliott geboren. 1897 geht Robert auf das Harvard College, bricht aber nach zwei Jahren wieder ab. Elinor bringt 1899 eine Tochter zur Welt, Lesley. Mit
vier Jahren stirbt Elliott im Jahr 1900 an Cholera. Elinor fällt in
eine Depression. Roberts Mutter stirbt an Krebs.

Nach dem Tod des Großvaters im folgenden Jahr erhält Robert für zehn Jahre das Nutzungsrecht an einer Farm in Derry,
New Hampshire. Während dieser Zeit versucht sich das Ehe-
paar Frost als Farmer. 1902 wird Sohn Carol geboren, 1903 und
1905 folgen Irma und Marjorie. Im selben Jahr nimmt Frost
eine feste Stellung als Lehrer an der Pinkerton Academy an.
1907 kommt Elinor Bettina zur Welt, stirbt aber drei Tage nach
der Geburt. Die Derry Farm wird 1911 auf Frost überschrieben.
Da er als Farmer nur mäßig erfolgreich ist, verkauft er die Farm
und verwendet das Geld für die Übersiedlung der Familie nach
England im Jahr 1912.

Bis zu diesem Zeitpunkt waren nur einzelne Texte von Robert Frost veröffentlicht worden, zumeist Gedichte mit ländlichen Motiven. In der Hoffnung auf größere Resonanz bietet
er seine Gedichtsammlung *A Boy's Will* einem Verleger in England an, der sofort zusagt. Frost ist fast vierzig, als 1913 sein

erstes Buch erscheint. Das nächste ist, im Jahr darauf, *North of Boston*. Es wird hervorragend besprochen.

In England kommt Frost in Kontakt mit Edward Thomas, Rupert Brooke, Robert Graves, William Butler Yeats und Ezra Pound. Aber die Freundschaft mit Pound wird zunehmend schwierig. Pound drängt Frost, in freien Versen zu schreiben: «Er sagt, ich müsse viel mehr so etwas wie vers libre schreiben, oder er werde mich durch Vernachlässigung untergehen lassen. Er droht geradezu.»

Währenddessen bringt die amerikanische Dichterin Amy Lowell aus Boston Frosts Bücher, die sie 1914 in England entdeckt, nach Amerika und bespricht *North of Boston* sehr wohlwollend. Der Name Robert Frost wird nun auch in den Vereinigten Staaten bekannt – ohne Frosts Wissen.

1915 kehrt die Familie Frost in die Heimat zurück. Bei der Ankunft wird Robert Frost überraschend mit dem Ruf konfrontiert, der ihm vorausgeeilt war: «Ich war kaum angekommen, als ich eine Zeitung entdeckte, die ich noch nie gesehen hatte, *The New Republic*. Mein Name starrte mich von der Titelseite an. Zwei Spalten waren über mich.»

Im selben Jahr kauft Frost eine Farm in Franconia, New Hampshire, muss aber zunächst trotz seines wachsenden Erfolgs aus finanziellen Gründen wieder unterrichten. Die Lehr- und Vortragstätigkeit wird in den nächsten zwanzig Jahren zu einer regelmäßigen Beschäftigung, etwa am Amherst College oder der University of Michigan.

Bald wird Frost mit Auszeichnungen und Ehrungen überhäuft. Das Privatleben jedoch bleibt von Tragödien überschattet. Seine Frau Elinor hat 1915 eine Fehlgeburt. 1920 wird seine Schwester Jeanie wegen Störung des öffentlichen Friedens verhaftet und von einem Arzt für unzurechnungsfähig erklärt. Frost lässt Jeanie in die staatliche Irrenanstalt in Augusta, Maine, einweisen.

1923 erhält Frost den Pulitzer-Preis für den Gedichtband *New Hampshire*. Seine Tochter Marjorie erkrankt 1925 und 1927 schwer, muss lange ins Krankenhaus. 1929 verstirbt Jeanie in der Irrenanstalt. Im folgenden Jahr muss Marjorie wieder ins Krankenhaus – mit Tuberkulose.

Frost wird für *Collected Poems* mit dem Pulitzer-Preis geehrt. 1931 bekommt Tochter Lesley ihr zweites Kind – und lässt sich scheiden. Marjorie, inzwischen ebenfalls verheiratet, bringt 1934 ein Kind zur Welt und stirbt an Kindbettfieber. Elinor hat einen schweren Anfall von Angina pectoris.

1936 wird der Pulitzer-Preis erneut an Frost vergeben, diesmal für *A Further Range*. Im Jahr 1938 stirbt Elinor Frost an Herzversagen. Robert bricht zusammen, seine Gesundheit ist in den nächsten Jahren labil. Carol, der schon länger unter Depressionen leidet, besonders seit dem Tod der Mutter, äußert 1940 Selbstmordabsichten. Frost besucht ihn und will ihm diese ausreden, reist zuversichtlich wieder ab – und erfährt kurz darauf, dass Carol sich erschossen hat. Er kehrt zurück, um das Begräbnis zu arrangieren und sich um seinen Enkel Prescott zu kümmern, der den Leichnam entdeckt hatte.

A Witness Tree holt 1942 Frosts vierten Pulitzer-Preis. Mittlerweile nach Cambridge gezogen, laboriert Frost an einer schweren Lungenentzündung. 1946 verschlechtert sich der geistige Zustand Irmas. Im folgenden Jahr lässt ihr Vater sie in die staatliche Irrenanstalt in Concord, New Hampshire, einweisen.

Zur Amtseinführung des amerikanischen Präsidenten J. F. Kennedy 1961 trägt er das Gedicht «The Gift Outright» vor – als Notlösung, da er das eigens für den Anlass geschriebene Gedicht wegen des blendenden Lichts und seiner Sehschwäche nicht lesen kann.

Frost erkrankt 1962 erneut an einer schweren Lungenentzündung. Prostata- und Blasenkrebs werden diagnostiziert. Im August reist er in die Sowjetunion, wo er Nikita Chruschtschow trifft und in Moskau das Gedicht «Mending Wall» («Mauern ausbessern») vorträgt.

Robert Frost stirbt als poeta laureatus der U.S.A. am 29. Januar 1963 in Boston.

Neben seiner wenig einträglichen Arbeit in der Landwirtschaft (er sah sich selbst als schlechten Farmer) zog es Robert Frost immer wieder zum Unterrichten an Schulen und Universitäten. Die Routine der Lehranstalten war ihm jedoch zeitlebens zuwider. Er vertrat die Ansicht, alles Akademische hungere das

Talent aus. Dennoch galt er – wohl (auch) wegen unkonventioneller Unterrichtsmethoden – als ausgezeichneter Lehrer.

Die Anstellung als «Poet in Residence» 1939–43 in Harvard, 1943–49 in Dartmouth und schließlich 1949–63 in Amherst kam seinen Ansichten von Wissensvermittlung eher entgegen. Ihm lag daran, im Gespräch über die Poesie und die Natur der Dinge den klaren und unverstellten Blick auf das Einfache zu schulen. Sein «Bildungsziel» war schlicht: Wer lernen will, muss schauen und hören lernen, muss unterscheiden lernen, was wirklich zählt und was nur flüchtig ist.

Im Unterschied zu den Romantikern sieht Frost die Natur nicht schwärmerisch. «Mein Land ist ein Milch- und Sirup-Land. Wir bekommen, was aus den Kühen und aus den Bäumen rinnt.» Ihm geht es um das Werden und Vergehen in der Natur, um die Kreisläufe des Kommens und Gehens, in die die Menschen auf dem Land eingebunden sind. Manchmal wurden Frosts Gedichte in die Tradition der pastoralen Dichtung gestellt. Doch seine ländlichen Idyllen sind keine Schäferpoesie – nicht einmal richtige Idyllen. Frost, ganz Farmer, kennt die Mühsal harter Arbeit auf dem Land; ganz Dichter, sieht er den höheren Lohn dieser Plackerei: Die Erde gibt die Liebe zurück – Momente der Glückseligkeit, der Erkenntnis, Teil von etwas Größerem zu sein. Strenge Religiosität ist ihm dabei fremd. Ihm scheint es müßig, über das Ende hinauszusehen. Der *horror vacui* liegt nicht draußen, sondern im Menschen selbst. Der wirklichkeitsnahe Blick – hier: auf die Lebensumstände und die Sprache der Neuengländer – und die Psychologisierung der Figuren gelten als ein Kennzeichen der Literatur des 20. Jahrhunderts. Was man aus der literarischen Moderne bei Frost vergeblich sucht, sind lyrische Experimente wie etwa die typographischen Gedichte seines Zeitgenossen E. E. Cummings. Selbst der freie Vers war Frost zeitlebens suspekt. Doch dazu später.

«Wir hatten jetzt einhundert Jahre lang Naturlyrik. Nun brauchen wir den menschlichen Vordergrund dazu.» Frost war der Meinung, dass manche Schattierungen eines Charakters nur ein wahrer Poet erkennen könne. Er geht den Menschen auf den Grund, sieht ihre Mühsal oder ihre Zufriedenheit. Er weiß um den Alltag, die Ehe, die Arbeit und das Alter. Er schätzt das Gespräch mit den Nachbarn, kennt das Vertrauen und das Misstrauen zwischen den Menschen. Darum spricht Frost immer auch von seiner eigenen Existenz, seiner Biographie, die manchmal in den Gedichten durchscheint. Seinen Kindern Lesley, Carol, Irma und Marjorie schenkte er beispielsweise einen Vers in «Maple».

Die tragischen Elemente in Frosts Werk scheinen mit seiner Biographie verwoben zu sein. Einige der Schicksalsschläge finden ihren Niederschlag in seinen Gedichten, tauchen als Szenen oder Bemerkungen in seinen dramatischen Dialogen auf. Nur ein Beispiel sei genannt: Der Verlust zweier Kinder (1900 und 1907) und die Depressionen seiner Frau Elinor haben in «Heimbegräbnis» (erschienen 1914) ihre Spuren hinterlassen – nicht als Tatsachenbericht, wohl aber als Erfahrungswert. Doch nirgends entsteht der Eindruck, Frost schreibe, um Privates zu erzählen. Das Schreiben ist eher Kontemplation, weniger Aufschrei. Was geschieht, geschieht. Er hadert nicht mit der Natur, hebt nicht die Faust gegen das Schicksal. «Was ich über das Leben gelernt habe, kann ich in drei Wörter fassen: Es geht weiter.»

Es war unvermeidlich: Wegen seiner Besinnung auf das Landleben wurde dieser Dichter zum puritanischen Konservativen erklärt. Er sei ein Nostalgiker der sogenannten guten alten Zeit. Ein Missverständnis – denn wie alle große Dichtung überragt auch die von Robert Frost ihre eigenen Topoi; sie ist nicht rückwärts gewandt, sondern zeitlos. Mark Van Doren schreibt in seinem Artikel «Robert Frost's America» (*The Atlantic Monthly,* Juni 1951): «Seine Gedichte beginnen zu Hause, wie alle guten Gedichte; [...] aber sie führen überall hin, wie nur die besten.» Frost sagte es irdischer: Ein Gedicht solle «fröhlich beginnen und in Weisheit enden».

Frost findet seine Anregungen in dem, was ihn jeden Tag umgibt. Seine höchst genauen Beobachtungen fasst er in präzise Worte. «Ich mag es nicht, über etwas zu schreiben, das ich nicht sehe», wird er im Nachruf der *New York Times* vom 30. Januar 1963 zitiert. Manchmal sieht er die Natur als wütendes Tier wie in «Sturmangst», dann wieder als Freudenbringer in «Birken» oder als ein Ort der Isolation wie in «Eines alten Mannes Winternacht». Die Liebe zur Schönheit der Natur und der Schrecken vor ihrer harten Wirklichkeit sind dabei nur verschiedene Sichtweisen auf das Selbe. Dabei ist Frost wohl kein Künder des Dunkels, kein «dark poet», sondern ein Sucher der Helligkeit auch in dunkelster Stunde. Das Glück gleiche durch Höhe aus, was ihm an Dauer fehlt.

Frosts lyrisches Ich arrangiert sich mit der Natur: «Rast am Wald an einem verschneiten Abend» oder «Nach dem Apfelpflücken» sind Einblicke des Menschen in seine Vergänglichkeit, «Der Berg» oder «Zwei schaun auf Zwei» sind Variationen von Grenzerfahrungen zwischen einem Leben als Teil der Natur und als Eindringling in ihr. Die Rolle der Natur ist es, an die Ursprünge des Lebens, der Liebe und des Todes zu erinnern. Sie gibt Frost immer wieder Anlass zur Zuversicht. Der Wanderer in «Ein Laubtreter» erkennt im Schicksal des Herbstlaubes das Schicksal allen Lebens: Im Waldspaziergang bildet sich der Gang durchs Leben ab. Doch er verzagt nicht, sondern schickt sich an, die Zeit gut zu nutzen.

Die Natur um den Menschen ist ein Spiegel seiner inneren Natur. Frost ist fasziniert von äußeren und, mehr noch, inneren Naturgewalten. Der Blick auf das, was das lyrische Ich und die Figuren umgibt, richtet sich oft nach innen wie etwa in «Öde Orte» oder «Die Nacht gekannt». In besonderem Maße tritt diese innere Gewalt jedoch in den langen Dialogen hervor, deren Charakterkonflikte meist aus der Vorgeschichte erwachsen: «In fast allen dramatischen Dialogen erkennen wir aus der aktuellen Situation, was vorher schon alles geschehen sein muss im Leben der Redenden, was sie durchlebt haben müssen, welche Gefühle und Umstände ihre Handlungen und Einstellungen geformt haben.» (Edward Garnett, «A New American Poet», *The Atlantic Monthly*, August 1915)

Durch das Ringen des Menschen mit seinen inneren Dämonen zerbrechen Seelen, Sehnsüchte scheitern an der harten Wirklichkeit, ein Verstehen im Gespräch scheint unmöglich. Eindringliche Beispiele sind die missglückte Rückkehr Amys zur Normalität in «Heimbegräbnis» oder die Angst vor dem familiären Erbe einer Geisteskrankheit in «Im Dienst der Arbeiter» oder «Die gestürzte Blume». Die dramatischen Dialoge enden aber keineswegs immer unglücklich. In «Der Tod des Tagelöhners» etwa wird die sachliche Einstellung des Farmers durch die Menschlichkeit seiner Frau überwunden. In «Maple» gelangt die Protagonistin zu der Erkenntnis, dass der eigene Lebensweg auch von Dingen bestimmt wird, die nicht immer erklärbar sind.

«Heimbegräbnis» zählt dabei wohl zu den beeindruckendsten Gedichten und demonstriert auf unheimliche Weise, wie zwei Menschen ohne einen Hauch gegenseitigen Verstehens ihre Probleme besprechen wollen und, im Fall des Ehemanns, nicht begreifen, was ihre Taten und Worte anrichten. Joseph Brodsky analysiert (in *Von Schmerz und Vernunft. Über Hardy, Rilke, Frost und andere.* München: Hanser, 1996), wie bereits die räumliche Positionierung der Figuren zu Beginn von «Heimbegräbnis» eine Einschätzung der Situation erlaubt, des Abstands, des Unterschieds zwischen den Rollen. Besonders fasziniert Brodsky die Szene, in der der Mann die Grabsteine im Garten durch das Fenster sieht: Wie ein gerahmtes Bild an der Wand erscheinen die Gräber draußen – und die Größe des Friedhofs wird mit der des Schlafzimmers verglichen. Kein weiteres Wort ist nötig, um die Beziehung dieser beiden Menschen, den Zustand ihrer Ehe zu erklären.

Robert Frost hatte eine persönliche Maxime: Tue das, was man von dir verlangt, aber tu es auf deine Weise. Dies beherzigte er auch bei der formalen Gestaltung seiner Gedichte. Er war mit den klassischen Formen von Metrum und Reim vertraut, schaffte es aber, dieses Instrumentarium auf eine eigene Art und Weise anzuwenden. Nach seiner Ansicht lagen die traditionelle literarische Sprache und die tatsächlich gesprochene Sprache unnötig weit auseinander. Sein Bestreben war, eine dichterische Sprache zu verwenden, die nahe an die natürlich gesprochene seiner Neuengländer reichte.

Frost hat die Poesie der Alltagssprache freigelegt, weil er die Poesie darin sah. Für ihn sollte die Kunst die Form des Lebens herausarbeiten. So wie ein Kamm ungeordnete Haare in eine gleichmäßige Ordnung bringt, wird das Poetische in den alltäglichen Wörtern und Sätzen durch das Metrum deutlich sichtbar und hörbar: «Die Kunst sollte den Linien der Natur folgen, wie ein Axtstiel der Maserung. Falsche Kunst krümmt Dinge, die nicht gekrümmt sind.» Um einen natürlichen, organischen Sprachfluss zu erzeugen, weicht Frost zugunsten des Rhythmus gelegentlich vom Versmaß ab; er fügt etwa in einen Blankvers (fünfmal je eine unbetonte und eine betonte Silbe) einen Anapäst (unbetont, unbetont, betont) oder einen Daktylos (betont, unbetont, unbetont) ein.

Dem freien Vers hat sich Frost stets widersetzt, da er ihm nicht geeignet schien, diese Kunst-Leistung zu erbringen. Frosts oft zitierte Abrechnung mit dem freien Vers: «Da könnte ich ebensogut Tennis ohne Netz spielen.»

So unkünstlich die poetische Sprache Frosts auch wirkt, man darf doch nicht übersehen, dass es dabei keineswegs um eine naturalistische Nachahmung von Mündlichkeit ging. Frost erlaubt sich gelegentlich eine stilistisch komplexe Syntax – schließlich ist das durchgängige Metrum keine natürliche Erscheinungsform. Was ihm unübertroffen gelingt, ist die Kombination von Rhythmus und Tonfall der gesprochenen Sprache mit den Gesetzmäßigkeiten des Metrums. Alles fügt sich scheinbar mühelos ineinander und macht fast immer die im Grunde strenge Form der Texte vergessen. Von «Alltagssprache» zu sprechen, wäre verkehrt – niemand spricht so wie in Frosts Gedichten. Aber sie wirken wie gesprochen. Sie klingen, weil sie Rhythmus, Tonfall, Lautstärke, Geschwindigkeit entwickeln. Frosts Begründung: «Ich höre alles, was ich schreibe. Poesie ist für mich zuerst eine Sache des Klangs. Ich höre meine Sachen gesprochen. Ich schreibe Verse, die man ‹frei› nennen könnte – die Freiversler haben mich akzeptiert –, aber ich glaube dennoch, dass in allem, das überhaupt Poesie sein soll, eine Kadenz sein muss, ein Rhythmus.»

Als Beispiel sei ein dramatischer Moment in «Heimbegräbnis» angeführt: Amy erzählt, wie ihr Mann das Grab aushob und die Erde Schaufel um Schaufel heraufkam, und wie er vom faulenden Birkenzaun sprach. Da kann ihre Stimme nicht ruhig und verhalten bleiben. Im Stakkato feuert sie Salven von Silben auf ihr Gegenüber.

Frost nennt dieses Prinzip des natürlichen Klangs und Tonfalls «sound-posturing» (Klang-Pose oder -Haltung) oder «getting the sound of sense» (den Sinn des Klangs einfangen). Er erklärt es so: Wenn man durch eine geschlossene Tür ein Gespräch hört und dabei zwar die Stimmen vernimmt, nicht aber die einzelnen Wörter, könne allein der Klang der Wörter und Sätze viel von der Bedeutung des Gesprächs vermitteln. Diesen Klang will Frost einfangen. Dazu gehört besonders der Sprechrhythmus, der vom Metrum deutlich abweichen kann. Frost schreibt mit dem Ohr an der Stimme («writing with your ear to the voice») und greift dafür aus dem Leben: Die Leute sprechen musikalisch («all folk speech is musical»).

Frosts «alltägliche» Sprache mit ihrem Klang und ihrer Musikalität in eine andere Sprache zu übersetzen, ist im Grunde nicht möglich. Die grundlegenden Unterschiede des deutschen Sprachsystems zum englischen (zum Beispiel haben wir mehr Silben durch die Flexion mittels Endsilben) zeigen sehr schnell die räumliche Enge der Verse auf. Will man im Metrum des Blankverses bleiben (der ja im Deutschen durchaus vertraut ist), stößt man bald an die Grenzen der Vereinbarkeit von Metrum und Struktur der normalen, mündlichen Sprache. Ein Kompromiss muss gefunden, der inhaltliche Verlust muss so gering wie möglich gehalten werden.

Aus diesem Grund wurde bei den Übersetzungen in dieser Ausgabe auf den Reim fast durchweg verzichtet. Im Vordergrund standen stets die Geschichten, die erzählt werden, die Bilder, die poetischen Reflexionen, kurz: die Welt Robert Frosts. Je näher man formal an Frost herangerückt wäre, desto mehr Frost wäre an anderer Stelle verloren gegangen. Als eine Art editorisches Experiment wurde jedoch bei fünf Gedichten der ungereimten Übersetzung eine gereimte nachgestellt. Dies soll dem Leser ermöglichen, die unvermeidlichen inhaltlichen Kompromisse nachzuvollziehen, die das enge Korsett von Metrum und Reim einer Übersetzung leider viel zu oft abverlangt.

Für Robert Frost waren Gedichte «a momentary stay against confusion», ein kurzes Aufhalten der Verwirrung. Seine Hoffnung auf die Wirkung seiner Lyrik hat sich gewiss erfüllt: Er schuf «some poems that will be hard to get rid of» – einige Gedichte, die man nur schwer wieder los wird. Viele Verse konnten sich auch außerhalb ihrer Strophen im Volksmund etablieren, etwa «Gute Zäune, gute Nachbarn» oder die Definition von Zuhause aus dem «Tod des Tagelöhners»: «Home is the place where, when you have to go there, they have to take you in» («Daheim ist, wo man, wenn du hingehn musst, dich einzulassen hat»). Gedichte wie «Rast am Wald an einem verschneiten Abend» oder «Der nicht genommene Weg» haben ihren Platz in der Weltliteratur gefunden.

Anmerkungen

Der vorliegende Band soll deutschen Lesern die bekanntesten, die kanonisch gewordenen Gedichte von Robert Frost zugänglich machen. Die Texte folgen der Ausgabe *The Poetry of Robert Frost. The collected poems, complete and unabridged.* Ed. Edward Connery Lathem. New York: Henry Holt, 1979.

Wie jede Auswahl kann auch diese nur subjektiv und unvollständig sein. Manche Frost-Kenner werden «A Hundred Collars», «Design» und etliche andere vermissen und werden vielleicht beklagen, dass der späte Frost nicht berücksichtigt wurde. Doch bei allem Bemühen, eine weithin einleuchtende Auswahl zu treffen, konnte und wollte der Herausgeber dieses Buches nicht von seinen eigenen Wertschätzungen absehen.

Folgende deutsche Übersetzungen der Lyrik Robert Frosts gab es in der Vergangenheit:
Gesammelte Gedichte. Mannheim: Kessler Verlag, 1952 (Übersetzungen und Nachdichtungen verschiedener deutscher Autoren)
Gedichte. Hg. Eva Hesse. Ebenhausen: Langewiesche-Brandt Verlag, 1963 (im wesentlichen eine Auswahl aus dem vorigen Buch, aber zweisprachig)
In Liebe lag ich mit der Welt in Streit. Gedichte. Hg. Günter Gentsch. Berlin: Verlag Volk und Welt, 1973 (eine Auswahl, übersetzt von Helmut Heinrich und Karl Heinz Berger, mit einigen ausgewählten Originaltexten)

Contents · Inhalt

© 1969 by Henry Holt and Co.

© 2002 Langewiesche-Brandt KG, Ebenhausen bei München

5. Auflage 2006

www.langewiesche-brandt.de

Satz aus der Baskerville: Greiner & Reichel, Köln

Druck: MB Verlagsdruck Schrobenhausen

Bindearbeiten: Norbert Klotz, Jettingen

ISBN 978-3-7846-0552-4. Printed in Germany